Rainer Hank Hg.

NEUES VOM SONNTAGSÖKONOM

RAINER HANK HG.

NEUES VOM SONNTAGSÖKONOM

Geschichten aus dem wahren Leben

Frankfurter Allgemeine Buch

Bibliografische Information der Deutschen Nationalbibliothek
Die Deutsche Nationalbibliothek verzeichnet diese Publikation
in der Deutschen Nationalbibliografie; detaillierte bibliografische
Daten sind im Internet über http://dnb.d-nb.de abrufbar.

Rainer Hank Hg.

Neues vom Sonntagsökonom
Geschichten aus dem wahren Leben

F.A.Z.-Institut für Management-,
Markt- und Medieninformationen GmbH
Frankfurt am Main 2010

ISBN 978-3-89981-219-0

Die Beiträge sind bereits in der F.A.S. erschienen.

Frankfurter Allgemeine Buch

Copyright	F.A.Z.-Institut für Management-,
	Markt- und Medieninformationen GmbH
	Mainzer Landstraße 199
	60326 Frankfurt am Main
Gestaltung/Satz	
Umschlag	F.A.Z., Verlagsgrafik
Titelbild	Alfons Holtgreve
Illustrationen	Alfons Holtgreve
Satz Innen	Nicole Bergmann
Druck/Bindung	Messedruck Leipzig GmbH, Leipzig

Alle Rechte, auch die des auszugsweisen Nachdrucks, vorbehalten.

Printed in Germany

INHALT

Neues vom Sonntagsökonom — 9

UNSER ALLER ALLTAG

Das Leben ist kein Ponyhof — 14
Claus Tigges

Mönche sind die besseren Manager — 19
Werner Mussler

Am besten in die Mitte schießen — 23
Werner Mussler

Teure Schlitten im Problemviertel — 27
Claus Tigges

Der Unsinn des Home Office — 32
Lisa Nienhaus

Dicke Menschen schaden der Umwelt — 37
Patrick Welter

Was man hat, hat man — 42
Hanno Beck

Was hat die dicke Frau im Ballet zu suchen? — 47
Philip Plickert

ALLES ÜBER DIE FINANZKRISE

30 spektakulär nutzlose Jahre — 54
Lisa Nienhaus

Der Dollar verliert seinen Nimbus — 59
Patrick Bernau

Die Aufsicht legt den Banken Zügel an Benedikt Fehr	64
Das Gold der Toren Gerald Braunberger	68
Ökonomen sind keine Zauberer Lisa Nienhaus	73
Gewinnstreben ist gesund, Gier nicht Benedikt Fehr	78
Alles schon mal da gewesen Gerald Braunberger	83
Die Zähmung der Investmentbanker Benedikt Fehr	88
Der Jahrhundertökonom Gerald Braunberger	93

DIE WELT IST VERRÜCKT

Traurigkeit kann teuer werden Hanno Beck	100
Auf der Suche nach Dummköpfen Claus Tigges	104
Der Terror der Knappheit Hanno Beck	108
Neid bremst den Fortschritt Philip Plickert	113
Teure Geschenke Hanno Beck	118
Schaffen Sie sich einen Hund an! Werner Mussler	122

GANGSTER UND ANDERE GUTMENSCHEN

Die Gangster von der „Brise de Mer"   128
Gerald Braunberger

Was ist so schlimm am Organhandel?   133
Patrick Welter

Was kosten niedrige Steuern?   138
Patrick Bernau

Das Märchen vom guten Strom   143
Philip Plickert

Im schwarzen Loch der Steinkohlehilfen   148
Patrick Welter

Staatsfürsorge oder Samariter   153
Patrick Welter

Wir wollen viele Währungen!   158
Patrick Welter

FRAUEN, MÄNNER UND EIN PAAR KINDER

Das Unglück der Frauen   166
Claus Tigges

Kind, geh doch zur Schule!   171
Lisa Nienhaus

War Martin Luther ein Frauenrechtler?   176
Werner Mussler

Wer ist der Schönste im ganzen Land?   181
Karen Horn

Wie stopft man die hungrigen Mäuler?   185
Hanno Beck

Die Verstaatlichung der Kinder   189
Philip Plickert

Zur Kasse bitte, großer Mann! Claus Tigges	194
Wettbewerb hilft den Frauen Werner Mussler	198

GESUNDHEIT UND WOHLSTAND SEI AUCH MIT DABEI

Die Deutschen sind Hypochonder Werner Mussler	204
Ein Lob der Ungleichheit Patrick Welter	209
Freiheit, die wir meinen Karen Horn	213
Warum die Armen arm bleiben Philip Plickert	217
Kauft T-Shirts aus Kinderhand Patrick Bernau	222
Kapitalismus 3.0 Gerald Braunberger	226
Eigentum macht frei Karen Horn	231
DIE AUTOREN	236

Neues vom Sonntagsökonom
Geschichten aus dem wahren Leben

Rainer Hank

Soll der Staat sich um die Kleinkinder kümmern, indem er mit Steuergeld Krippen baut? Darüber wird in vielen Ländern erbittert gestritten. Nein, sagen die „Konservativen" und fordern stattdessen ein Betreuungsgeld für die Eltern. Die „Fortschrittlichen" nennen solche Subventionen eine „Herdprämie", die verhindert, dass endlich mehr Frauen berufstätig werden können. Die „Liberalen" meinen gar, keines von beidem sei Aufgabe des Staates.

Und die Ökonomen? Sie untersuchen die bisherigen Erfahrungen staatlicher Kinderbetreuung in verschiedenen Ländern und stellen nüchtern fest: Ein flächendeckendes Kinderbetreuungsprogramm hat Frauen nicht in Arbeit gebracht. Das heißt aber nicht, staatliche Kinderbetreuung sei überflüssig. Denn sie bringt zwar den Müttern wenig, tut aber den Kindern gut: Krippen bieten ein Anregungsumfeld, das viele Familien heutzutage nicht mehr leisten (wollen), sie fördern somit die späteren Lebenschancen des Nachwuchses.

„Neues vom Sonntagsökonom" berichtet von solchen und ähnlichen Erfahrungen. Denn „der Sonntagsökonom" weiß: Eine Ökonomie, die nichts mit dem wirklichen Leben zu tun hat, ist überflüssig. Sage keiner, die Wissenschaft sei nur für den Elfenbeinturm da. Seit es sie gibt, beharrt die Ökonomie auf der ihr eigenen Weise der Welterklärung. Nie war es ihr genug, nur den Konjunkturzyklus, die Geldmenge oder das Bruttosozialprodukt zu erklären. Neuerdings fragen die Ökonomen sogar selbstkritisch, ob die Zunft sich nicht zu sehr auf das Wachstum konzentriert habe und dabei vernachlässige, dass Wohlstand kein Selbstzweck sein kann. Ist nicht Glück das entscheidende Ziel, das alle Menschen anstreben? Aber was meinen wir, wenn wir sagen, wir seien glücklich? Macht Geld glücklich? Oder ein gutes Gespräch mit einem Freund?

„Neues vom Sonntagsökonom" geht zurück auf eine erfolgreiche Serie im Wirtschaftsteil der Frankfurter Allgemeinen Sonntagszeitung. Das Buch bietet – jetzt schon zum zweiten Mal – eine Auswahl überraschender Einsichten zur Frage, was die soziale Welt im Innersten zusammenhält. Besonderes Augenmerk ruht dieses Mal auf der Erfahrung der Finanzkrise und der Frage, wie es kommen konnte, dass die Wirtschaftswelt daran fast zerbrochen wäre. Haben die Ökonomen versagt? Waren die Banker an allem schuld? Oder war es die Gier der Menschen, die das richtige Gefühl für Gefahr und Risiko verloren haben?

Nein, die Menschen sind nicht so rational, wie das Klischee der ökonomischen Wissenschaft vermuten lässt. Menschen sind bequem, ängstlich oder gierig, leidenschaftlich und manchmal völlig daneben. Menschen machen Fehler, gerade wenn sie sich an ihren eigenen Ansprüchen messen. Aber selbst für diese Fehler finden Ökonomen meist eine, zuweilen sogar überraschende Regel. Ob das dazu führt, dass unsere Fehlerneigung abnimmt, ist eine ganz andere Frage. Aber ein Blick in den Spiegel hat noch keinem geschadet. „Neues vom Sonntagsökonom" liefert diesen Spiegel.

UNSER ALLER ALLTAG

Das Leben ist kein Ponyhof
Die Menschen haben Waschmaschine und Roboter erfunden – mehr Freizeit haben sie nicht

Claus Tigges

Erinnern Sie sich noch an den 21.10.1993? Damals wandte sich Bundeskanzler Helmut Kohl in einer Regierungserklärung eindringlich gegen eine Verkürzung der Arbeitszeit. Die Zukunft lasse sich nicht sichern, indem Deutschland als ein „kollektiver Freizeitpark" organisiert werde, warnte Kohl. „Immer kürzere Arbeitszeit bei steigenden Lohnkosten, immer mehr Urlaub: Das ist keine Voraussetzung für eine Verbesserung der Wettbewerbsfähigkeit unseres Landes."

Für diese Äußerung erntete der Regierungschef viel Kritik von der Opposition und den Gewerkschaften, die in kürzeren Arbeitszeiten einen Ausweg aus der hohen Arbeitslosigkeit wähnten. Längst hat sich das Blatt jedoch gewendet. Die von den Gewerkschaften erkämpfte 35-Stunden-Woche existiert in einigen Branchen zwar noch auf dem Papier, die Realität sieht aber häufig anders aus. 40 Stunden bei gleichem Lohn sind vielfach das Gebot der Stunde. Im scharfen globalen Wettbewerb liegt das Heil nicht zuletzt in einer Verringerung der Arbeitskosten.

Kohls Bild von einem Freizeitpark war inhaltlich nicht weit entfernt von den Vorhersagen eines der bedeutendsten Ökonomen des 20. Jahrhunderts: Mehr als 60 Jahre zuvor, im Jahr 1930, hatte John Maynard Keynes in einem Aufsatz „Economic Possibilities of Our Grandchildren" prophezeit, dass ein enormer Fortschritt in der Arbeitsproduktivität durch den Einsatz von Maschinen und dergleichen in den folgenden 100 Jahren zu einem erheblichen Rückgang der Arbeitszeit führen werde. Die große Herausforderung für die Menschheit bestehe darin, die viele Freizeit sinnvoll zu verbringen, vermutete der Brite.

Längst ist die Zeit von Keynes Enkeln angebrochen. So haben sich die zwei amerikanischen Ökonomen, Neville Francis von der University of North Carolina und Valerie Ramey von der University of California in San Diego, darangemacht, herauszufinden, ob Keynes' Prophezeiung wahr geworden ist – zumindest in Amerika vielleicht. Im Gegensatz zu zahlreichen anderen Studien mit einer ähnlichen Zielsetzung ist der Untersuchungsgegenstand der beiden Wissenschaftler aber nicht die „Bevölkerung im erwerbsfähigen Alter", sondern die gesamte Bevölkerung.

Eine Begründung dafür ist, dass sich die Definition des „Erwerbsalters" während der vergangenen 100 Jahre verändert hat. 1910 beispielsweise waren 25 Prozent aller männlichen Jugendlichen zwischen 10 und 15 Jahren in Vollzeit beschäftigt. Heute sind es deutlich weniger. Dafür verbringen Kinder und Jugendliche aber viel mehr Zeit in der Schule als damals.

Eine weitere Schwachstelle traditioneller ökonomischer Modelle ist, dass sie Zeit nur in zweierlei Hinsicht unterscheiden: in Arbeitszeit (in der Privatwirtschaft) und eben Freizeit. Um die Entwicklung der vergangenen Jahrzehnte einigermaßen gut zu verstehen, ist nach Ansicht von Ramey und Francis eine etwas genauere Zeiteinteilung notwendig. Sie unterscheiden Zeit für bezahlte Arbeit (einschließlich des öffentlichen Sektors), Zeit für den Weg zur Arbeit und den Heimweg, Zeit für die Schulausbildung und Zeit für die Hausarbeit. Eine besondere Schwierigkeit stellt die Definition dessen dar, was Freizeit eigentlich bedeutet. Die beiden Wissenschaftler haben sich dazu entschlossen, unter Freizeit „all jene Aktivitäten, die unmittelbar Freude bereiten", zu fassen.

Zur Einordnung verschiedener Tätigkeiten stützen sie sich auf eine Umfrage der Universität Maryland aus dem Jahr 1985. Darin wurden Menschen gebeten, mit Hilfe einer Skala von eins bis zehn zu bewerten, wie sehr sie bestimmte Aktivitäten genießen oder nur ungern tun. „Sex" stand ganz oben mit einem durchschnittlichen Wert von 9,3, dicht gefolgt von „Sport" mit 9,2. „Saubermachen" im Haus rangiert weit unten mit 4,9 Punkten. „Spielen mit Kindern" bekam durchschnittlich 8,8 Punkte, „mit den Kindern zum Arzt gehen" aber nur 4,7 Punkte.

Die Ökonomen haben darum die Zeit, die Eltern mit ihren Kindern verbringen, teils als Freizeit und teils als Arbeit eingeordnet. Spielen und Vorlesen fallen in die Kategorie „Freizeit".

Die Analyse fördert einige überraschende Tatsachen zutage: Beispielsweise ist die Zeit für Hausarbeit zwischen 1912 und 1960 nicht gesunken, obwohl sich in dieser Zeit mehr und mehr Familien moderne Haushaltsgeräte zugelegt haben. Schätzungen zufolge dauerte das Wäschewaschen einer bestimmten Menge Kleidung von Hand rund vier Stunden, das anschließende Bügeln nahm 4,5 Stunden in Anspruch. Durch den Einsatz moderner Waschmaschinen und elektrischer Bügeleisen ließ sich diese Zeit auf 41 Minuten waschen und zwei Stunden bügeln verringern. Warum also brauchen wir für die Hausarbeit immer noch so viel Zeit? Die Erklärung: Weil Hausarbeit heutzutage viel leichter von der Hand geht als damals, wird auch mehr im Haus gearbeitet. Waren saubere Kleidung, eine gewienerte Wohnung und ein warmes Essen früher ein Luxus, so gelten sie heute als Selbstverständlichkeit. Würden sich die Menschen immer noch am damaligen Standard von Ernährung, Sauberkeit und Gesundheit ausrichten, so müssten sie tatsächlich weniger Zeit mit der Hausarbeit zubringen.

Wichtig für die Analyse ist aber nicht zuletzt die Entwicklung der Schulausbildung während der vergangenen 100 Jahre. Besuchten 1900 nur rund 10 Prozent aller Jugendlichen zwischen 14 und 17 Jahren in Amerika eine High School, so waren es 2003 immerhin 95 Prozent. Und die Zahl der Schultage – für alle Kinder von der Vorschule an –

kletterte von weniger als 100 auf mehr als 160 im Jahr. Auch der Anteil der College-Studenten zwischen 18 und 22 Jahre erhöhte sich spürbar, insbesondere nach dem Zweiten Weltkrieg. Ein Großteil (rund 70 Prozent) jener Zeit, die Jugendliche und junge Erwachsene früher schon mit Arbeit zubrachten, wird heutzutage durch die längere Schulbildung ausgeglichen, zählt also ebenfalls nicht als Freizeit.

Verschiedene andere Ergebnisse der Analyse lassen Ramey und Francis zu einem Schluss gelangen, der Keynes' Vermutung widerlegt: Die Freizeit je Amerikaner hat sich zwischen 1900 und 2004 nicht wesentlich geändert. Sie schätzen für 1900 eine durchschnittliche Freizeit je Kopf von 6657 Stunden, für 2004 sind es 6634 Stunden. Das entspricht rund 128 Stunden Freizeit in der Woche. „Keynes' Prognosen über einen schnellen Produktivitätsfortschritt sind eingetroffen, nicht aber jene eines Übermaßes an freier Zeit – zumindest nicht in den Vereinigten Staaten", schreiben die Ökonomen abschließend. Und auch in Deutschland dürfte kaum jemand den Eindruck haben, jeden Tag wie in einem Freizeitpark zu leben.

Valerie Ramey and Neville Francis, A Century of Work and Leisure, National Bureau of Economic Research Working Paper No. 12264, May 2006.

Mönche sind die besseren Manager

Firmen sollen es wie die Klöster machen:
Ein paar strenge Regeln und viel Freiheit

Werner Mussler

Klagen über unfähige oder raffgierige Spitzenmanager hinterlassen in der Regel eine gewisse Ratlosigkeit: Sie mögen ja oft berechtigt sein – was aber folgt aus ihnen? Wer sie nicht gleich zum Anlass für Debatten über die Veränderung des Systems nimmt, sondern eher mit konventionellen ökonomischen Argumenten hantiert, wird nach den (Fehl-)Anreizen fragen, derentwegen sich Manager „falsch" verhalten. Den wohl wichtigsten Erklärungsbaustein liefert die Prinzipal-Agent-Theorie. Sie beruht auf der Unterscheidung zwischen dem Prinzipal (dem Unternehmenseigner) und seinem Agenten (dem Manager), die jeweils ihre eigenen Interessen verfolgen. Nach dieser Theorie sollten die Interessen von Prinzipal und Agent möglichst in Deckung gebracht werden, die Anreize des Managers also darauf ausgerichtet sein, den Wert des Unternehmens zu steigern.

Freilich hat gerade die Prinzipal-Agent-Theorie Exzesse eher begünstigt: Sie diente unter anderem als Grundlage für die angeblich leistungsfördernde Entlohnung von Managern mit Aktienoptionen. Diese haben offenbar eher zu betrügerischem Verhalten als zu überdurchschnittlichen Leistungen angeregt. Können Ökonomen also überhaupt etwas Konstruktives zur „Corporate-Governance-Diskussion" beitragen?

Können sie sehr wohl, meint eine Forschergruppe um die Zürcher Betriebswirtin Margit Osterloh – und weiß originellen Rat: Moderne Aktiengesellschaften sollten sich Benediktinerklöster und die Regeln des heiligen Benedikt zum Vorbild nehmen. Diesen Vorschlag wollen die Zürcher Ökonomen nicht als plumpe Aufforderung an die Manager verstanden wissen, sich moralischer zu verhalten. Ihr Kernargument lautet: Dass die meisten Abteien so lange überlebt hätten, liege vor allem an einem Regelsystem, das allen Anreizproblemen gerecht werde, mit denen sich heute Unternehmen auseinanderzusetzen hätten. Gierige oder unfähige Äbte seien in der mehr als tausendjährigen Geschichte des Benediktinerordens schließlich auch vorgekommen – aber man sei mit ihnen gut fertig geworden.

Was macht das benediktinische Regelsystem aus? Der – sehr alte – Kodex gibt einen klaren Rahmen von Verhaltensregeln vor, von dem die Mönche nicht abweichen dürfen, innerhalb dessen die einzelnen Klöster aber einen relativ großen Spielraum für autonomes Handeln haben. Besonders wichtig ist den Benediktinern, dass ihr Wertekanon von allen Mitgliedern geteilt wird; um dies zu gewährleisten, sucht der Orden seine Mitglieder mittels eines sorgfältigen, langwierigen und strengen Selektionsprozesses aus. Wenn sie diesen Prozess einmal hinter sich haben, gewährt der Orden den Mönchen recht große Mitwirkungsrechte. Dies steht in Einklang mit einschlägigen ökonomischen Theorien: Geteilte Werte senken Transaktionskosten, und große Mitwirkungsrechte erhöhen die intrinsische Motivation der „Mitarbeiter", in der jeweiligen Organisation – ob im Orden oder in einem Unternehmen – aktiv mitzuarbeiten und zu bleiben.

Freilich treiben die Zürcher Ökonomen ihre Analogien zwischen Kloster und Aktiengesellschaft etwas weit. Das beginnt mit dem Auswahlprozess der Mitglieder: Es stimmt sicher, dass die Mitbrüder nach der überaus langen Hinführungszeit eines Kandidaten für das Mönchsamt bis zu dessen endgültiger Aufnahme in den Orden mehr über diesen wissen als ein Vorgesetzter, der nur nach einem Bewerbungsgespräch und vielleicht einem Assessment Center eine Entscheidung trifft. Aber ist das ein sinnvoller Vergleichsmaßstab? Ein anderes Beispiel: Lässt sich aus der Tatsache, dass ein Kloster sein Führungspersonal (den Abt) zwangsläufig intern rekrutiert, immer der Schluss ziehen, dass das ein Unternehmen genauso machen sollte – weil ein aus dem Unternehmen kommender Vorstandschef mehr spezifisches Wissen über dieses Unternehmen hat und seine Werte eher teilt?

Ein wahrscheinlich noch gewichtigerer Einwand betrifft die grundsätzliche Vergleichbarkeit von Klostergemeinschaft und Aktiengesellschaft. Die Kongregation ist nicht nur anders als das Unternehmen eine „Non-Profit Organization". Das Organisationsziel, auf dem alle geteilten Werte beruhen, ist die Hingabe an Gott. Auch wenn Lebenserfahrung und ökonomische Theorie zeigen, dass auch unter dieser Prämisse Egoismus, Missgunst und Habgier möglich sind, dürften es diese Laster in einer Klostergemeinschaft doch grundsätzlich etwas schwerer haben. Daraus wird man aber schwer den Schluss ziehen können, eine Aktiengesellschaft solle auf Gott ausgerichtet werden.

Zum anderen lässt sich die Idealwelt der – in der Regel recht kleinen – Klostergemeinschaft, in der gemeinsame Werte geteilt werden, kaum auf die viel größere und notwendig heterogenere Aktiengesellschaft übertragen. Sicher, viele Unternehmen sind stolz auf ihre „Corporate Culture" – aber können global operierende Unternehmen eine ähnlich verschworene Gemeinschaft sein wie der Benediktinerorden? Vielleicht ist es in Grenzfällen möglich, etwa in einer Schweizer Privatbank oder bei einem schwäbischen Mittelständler – freilich sind das keine typischen Aktiengesellschaften.

Vielleicht geht es ja auch eine Nummer kleiner. Falls noch kein schlauer Management-Guru die Regula Benedicti als Leitfaden für ein einschlägiges Wochenendseminar entdeckt hat, so dürfen wir auf Kapitel 2, Vers 37 als Einführungslektüre verweisen: „Der Abt muss wissen: Wer es auf sich nimmt, Menschen zu führen, muss sich bereithalten, Rechenschaft abzulegen."

Katja Rost, Emil Inauen, Margit Osterloh, Bruno S. Frey: The Corporate Governance of Benectine Abbeys: What can Stock Corporations Learn from Monasteries?, Universität Zürich, Juni 2008, http://www.iew.uzh.ch/wp/index.en.php?action=query&id=374.

Am besten in die Mitte schießen
Was Ökonomen von Elfmeterschützen im
Fußball über Strategien lernen können

Werner Mussler

Erinnern Sie sich noch an Johan Neeskens? Oder an Antonin Panenka? Beide haben in den siebziger Jahren in entscheidenden Endspielen Elfmeter gegen Sepp Maier verwandelt. Neeskens brachte die Niederländer im WM-Finale 1974 in der zweiten Minute in Führung, nachdem Uli Hoeneß Johan Cruyff gefoult hatte. Diese Führung ließ sich bekanntlich noch drehen. Mit Panenkas Elfmeter verhielt es sich anders: Er entschied das Elfmeterschießen des EM-Endspiels 1976 zugunsten der damaligen Tschechoslowakei – unmittelbar zuvor hatte Uli Hoeneß seinen Elfmeter in den Nachthimmel von Belgrad gedroschen. Die Gemeinsamkeiten reichen noch weiter: Neeskens und Panenka überlisteten den deutschen Torhüter dadurch, dass sie jeweils in die Tormitte zielten – der Niederländer ballerte einfach drauf, der Tscheche schlenzte den Ball ins Tor. Maier hechtete gegen Neeskens nach rechts, gegen Panenka nach links und hatte jeweils keine Chance.

Nun war es auch vor mehr als 30 Jahren keine Sensation, dass ein Elfmeter verwandelt wird. Weshalb also müssen sich Ökonomen gerade mit diesen beiden Strafstößen beschäftigen? Die beiden Spieltheoretiker Wolfgang Leininger und Axel Ockenfels behaupten jedenfalls, dass

24 Neeskens – als angeblich Erster, der in die Mitte geschossen hat – das Elfmeterschießen revolutioniert (oder genauer: eine innovative Strategie erfunden) und damit auch die Erfolgswahrscheinlichkeit für die Schützen erhöht hat. Vereinfacht ausgedrückt, hätten die Schützen „vor Neeskens" immer nur nach links oder rechts gezielt, die Torhüter seien nach links oder rechts geflogen, die Wahrscheinlichkeit eines Tors habe somit 50 Prozent betragen. Durch die Einführung des Schusses in die Mitte sei die Erfolgswahrscheinlichkeit für den Schützen gestiegen: Der Torhüter habe entweder – wie Sepp Maier – gar nicht gemerkt, dass es diese Möglichkeit gibt, und sei immer nur nach links oder rechts geflogen, oder er habe bewusst unter drei Möglichkeiten eine ausgewählt – so oder so hätten sich seine Erfolgschancen auf höchstens ein Drittel vermindert.

Die Fußballkenner unter Ihnen werden sagen, eine derart realitätsfremde Darstellung des Elfmeterschießens könnten sich nur Ökonomen ausdenken. Denn tatsächlich war und ist die Erfolgsquote schon immer höher als zwei Drittel; man kann auch danebenschießen; zu unterscheiden ist nicht nur zwischen links, rechts und Mitte, sondern auch zwischen oben und unten; die Schützen schießen oft gar nicht dorthin, wo sie wollen; mancher Torhüter wirft sich nicht einfach irgendwohin, sondern reagiert auf den Schützen; mancher Schütze reagiert auf Bewegungen des Torhüters – und so weiter.

Stimmt alles, auch Leininger und Ockenfels wissen das. Die obige Darstellung ist nur das allereinfachste Modell des Elfmeterschießens – ohne und mit Schuss in die Mitte.

Ein Strafstoß ist nun einmal perfekt als simples Zwei-Personen-Spiel, im einfachen Fall mit nur zwei Strategien (links und rechts) und entsprechend einfachen Resultaten (Tor oder kein Tor) modellierbar. Was die beiden Ökonomen – denen selbstverständlich nicht an einer Geschichte des Elfmeterschießens gelegen ist – mit der Einführung des Schusses in die Mitte in ihr Modell zeigen wollen: Das Resultat eines Spiels hängt nicht nur von dessen Regeln ab – die stehen beim Elfmeterschießen fest. Die Spieler können sich, wie es Neeskens und Panenka getan haben, innerhalb der geltenden Regeln auch neue Strategien erschließen und dadurch das Resultat zu ihren Gunsten beeinflussen. So weit, so banal.

Freilich lässt sich ein empirischer Befund spieltheoretisch schwer erklären: Nach einer Auswertung von rund 450 Elfmetern ist die Trefferwahrscheinlichkeit bei Schüssen in die Mitte eindeutig höher als bei Schüssen in die Ecke; dennoch schießen unterdurchschnittlich wenig Schützen in die Mitte, und es bleiben auch wenig Torhüter einfach stehen, obwohl das nach diesem Befund die erfolgversprechendste Strategie wäre. Sind sie zu blöd? Es ist ein wenig komplizierter, wie Leininger und Ockenfels in Interviews mit Toni Schumacher und Hans-Jörg Butt herausgefunden haben. Beide sind als „Elfmetertöter" bekannt, Letzterer ist besonders interessant, weil er zudem auch ein erfolgreicher

Schütze ist, das Spiel also aus beiden Perspektiven kennt. Schumacher nennt die Schützen in die Mitte „Feiglinge" und sagt zugleich, es sei immer „gegen meine Ehre" gewesen, einfach stehen zu bleiben. Und Butt weist darauf hin, dass der Spieler, der in die Mitte schießt und nicht trifft, als „Depp" dastehe – viel mehr, als wenn er in die Ecke schießt.

Wer sich – als Schütze wie als Torhüter – gegen die Mitte entscheidet, minimiert also das Risiko. Wer aber das Risiko der Mitte auf sich nimmt, wird in der Regel, siehe oben, belohnt. Wenn Schumachers Sprüche stimmen, ist freilich die Frage, ob sich das Verhalten der Spieler mit ökonomischen Risikokalkülen überhaupt erklären lässt. Sepp Maiers (im Vergleich zu Zeitgenossen wie Rudi Kargus) sehr bescheidene Erfolgsquote lässt sich jedenfalls noch einmal anders erklären: Fürs Elfmeterspiel war er wohl schlicht nicht sehr begabt. Mit Strategieerklärungen kommt man da wohl nicht viel weiter.

Wolfgang Leininger, Axel Ockenfels: The Penalty-Duel and Institutional Design: Is There a Neeskens-Effect? Im Internet: http://ockenfels.uni-koeln.de/uploads/tx_ockmedia/2007_ockenfels_leininger.pdf.

Teure Schlitten im Problemviertel
Wer arme Nachbarn hat, will seinen Wohlstand zeigen.
Und gibt mehr Geld für Autos aus

Claus Tigges

Als Kerwin Kofi Charles und Erik Hurst, zwei Ökonomen der angesehenen Universität Chicago, sich vor einigen Jahren an die Analyse der Wohlstandsunterschiede zwischen Weißen und Schwarzen in Amerika machten, da fiel ihnen etwas auf, das sie so nicht erwartet hatten: Schwarze haben nicht nur ein kleineres Vermögen als Weiße mit einem vergleichbaren Einkommen, sie geben auch einen verhältnismäßig größeren Teil ihres Geldes für Autos aus. Es schien sich zu bestätigen, was als Stereotyp gilt und in zahllosen Musikvideos schwarzer Gesangskünstler zu sehen ist: Teure Schlitten, teurer, mit Diamanten besetzter Schmuck und teure Klamotten sind ungeheuer wichtig.

Zwei Fragen drängten sich den beiden Wissenschaftlern auf: Stimmt es tatsächlich, dass Schwarze relativ mehr Geld für Autos, Schmuck und Kleidung ausgeben als Weiße? Und wenn das so ist, weshalb ist es dann so? Inzwischen haben Charles und Hurst, zusammen mit ihrem Kollegen Nikolai Roussanov von der Universität Pennsylvania, eine eingehende Analyse des Konsumverhaltens der verschiedenen ethnischen Gruppen in den Vereinigten Staaten vorgelegt. Ihr Ansatz geht auf ein Phänomen zurück, das vor mehr als 100 Jahren, 1899, der norwegische Ökonom

Thorstein Veblen erstmals beschrieben hat. Veblens Vermutung: Menschen geben Geld für teure Dinge aus, um ihren Reichtum für alle sichtbar zu machen. Veblen bezeichnete diese Form des Verhaltens als „conspicious consumption", was sich etwa mit demonstrativem Konsum oder auch als Geltungskonsum übersetzen lässt. „Veblen hat sich in seiner Beobachtung vor allem auf die Superreichen konzentriert. Es gibt aber keinen Grund, weshalb das nur für diese Gruppe gelten sollte", schreiben Charles, Hurst und Roussanov. Darum haben sie den Konsum verschiedener Einkommensgruppen ins Visier genommen, und zwar jener Güter, die wie beispielsweise Autos, Kleidung und Juwelen in sozialen Interaktionen leicht zu erkennen sind und darum einen bestimmten ökonomischen Status vermitteln sollen.

Die Wissenschaftler haben unter anderem herausgefunden, dass Schwarze und Latinos rund 30 Prozent mehr Geld für diese „sichtbaren Güter" ausgeben als Weiße, wenn man die Einkommens- und Vermögensunterschiede berücksichtigt. Weiße geben demnach durchschnittlich 7.204 US-Dollar im Jahr dafür aus, bei Schwarzen und Latinos sind es rund 32 Prozent oder 2.300 US-Dollar mehr im Jahr. Das ist kein geringer Betrag im Vergleich zum durchschnittlichen Einkommen von 42.500 US-Dollar bei Schwarzen und 48.300 US-Dollar bei Latinos im Beobachtungszeitraum von 1990 bis 2002. „Eine mögliche Erklärung wäre einfach, dass es Unterschiede in den Präferenzen gibt: Schwarze und Latinos geben deshalb mehr Geld für

Schmuck, Autos und Bekleidung aus, weil sie diese Dinger lieber mögen als Weiße. Das wird zwar durch die grundlegenden Fakten bestätigt, ist aber tautologisch", meinen die Ökonomen.

Der Erklärungsansatz, den die drei stattdessen wählen, bezieht sich auf den sozialen Status der Konsumenten: Ihnen geht es vor allem darum, wie sich ihr Einkommen, ihr Konsum und ihr Wohlstand im Vergleich zu anderen Mitgliedern derselben Referenzgruppe verhalten. Teure Autos, Kleider und Schmuck dienen dem Zweck, anderen Menschen in demselben Umfeld, beispielsweise im gleichen Stadtviertel, einen vergleichsweise größeren Wohlstand zu signalisieren.

Daten zum Konsumverhalten, die Charles, Hurst und Roussanov daraufhin ausgewertet haben, bestätigen diese These. Und noch etwas zeigt sich: Der Anteil des „Geltungskonsums" an den Gesamtausgaben steigt zwar mit dem eigenen Einkommen, er sinkt aber mit einem steigenden Durchschnittseinkommen der Referenzgruppe. Mit anderen Worten: Wohlhabende Menschen, die in einem begüterten Umfeld leben, tragen ihren Reichtum in geringerem Maße zur Schau. „Es bestehen auch dann Unterschiede im Konsum ,sichtbarer Güter', wenn Schwarze, Weiße und Latinos im Prinzip dieselben Vorlieben haben", schreiben die Ökonomen. Das liegt daran, dass ihre Anreize zum demonstrativen Konsum unterschiedlich sind, weil sie meist in einem anderen sozialen Umfeld mit einem anderen

Durchschnittseinkommen leben. Was auf den Vergleich zwischen den verschiedenen ethnischen Gruppen zutrifft, gilt übrigens nach Darstellung der Wissenschaftler auch innerhalb der Gruppen: Weiße, die selbst weniger Geld haben und in einem entsprechenden Umfeld leben, geben relativ mehr Geld für diese Statussymbole aus als Weiße, die begütert sind und auch in einem wohlhabenden Umfeld wohnen. In Zahlen ausgedrückt, heißt das: Für jede 10.000 US-Dollar, die das mittlere Jahreseinkommen steigt, sinkt der Anteil der Ausgaben für „sichtbare Produkte" um rund 13 Prozent.

Interessant ist auch das Ergebnis, dass der Geltungskonsum umso höher ist, je jünger die Verbraucher sind. Offenbar halten es ältere Menschen – und zwar unabhängig von ihrer ethnischen Zugehörigkeit – für weniger wichtig, ihren relativen Wohlstand nach außen zu dokumentieren. Unterschiede gibt es im Übrigen auch zwischen Männern und Frauen: Frauen neigen eher zum Kauf von „sichtbaren Gütern" als Männer und geben auch mehr Geld dafür aus. Und die Ökonomen haben auch einen Zusammenhang zwischen dem Bildungsgrad und dem demonstrativen Konsum nachgewiesen: College-Absolventen geben tendenziell weniger Geld dafür aus als jene, die nur einen High-School-Abschluss haben. Dazu passt, dass Schwarze und Latinos relativ (und vielfach absolut) weniger Geld für Bildung, Gesundheit, Unterhaltung und Wohnungseinrichtung ausgeben als Weiße in Amerika. Und sie sparen auch weniger.

Die Analyse der drei Ökonomen ist mehr als nur eine wissenschaftliche Turnübung. Sie liefert Einsichten für die Sozialpolitik: Wenn diese beispielsweise auf ein besseres Bildungsniveau und eine bessere Gesundheitsversorgung von Minderheiten zielt, dann sind zweckgebundene staatliche Leistungen sinnvoller als direkte Geldtransfers. Und die Arbeit erklärt auch, weshalb in vergleichsweise armen Ländern – gemessen an den mittleren Pro-Kopf-Einkommen – wie China und Russland dennoch ein reißender Absatz von westlichen Luxusgütern besteht. Auch dort geht es den Menschen darum, innerhalb ihrer sozialen Gruppe ihren relativen Reichtum zur Schau zu stellen.

Kerwin Kofi Charles, Erik Hurst und Nikolai Roussanov, „Conspicious Consumption and Race", Working Paper August 2007. Im Internet unter: http://faculty.chicagogsb.edu/erik.hurst/research/race_consumption_april2007_applications.pdf.

Der Unsinn des Home Office
In Teams arbeiten die Menschen produktiver als allein.
Die Guten ziehen die Schlechten mit

Lisa Nienhaus

Der Traum vom Arbeitsplatz daheim ist so alt wie die moderne Bürowelt. Endlich einmal weg vom grauen Schreibtisch, von nörgelnden Kollegen und vom Krawattenzwang. Den Laptop bei Sonnenschein im Garten aufklappen, sich im Pyjama per Telefon zur Konferenz dazuschalten, zwischendurch etwas zum Mittagessen brutzeln – und trotzdem alles schneller fertigmachen als sonst, weil nicht ständig jemand in der Tür steht. Neidisch wird es beäugt, wenn ein Kollege die Möglichkeit erhält, einen Tag pro Woche von daheim zu arbeiten. Viele glauben, dass man zu Hause nicht nur freier ist, sondern auch effizienter arbeitet.

Nur Lehrer wissen aus eigener Erfahrung, dass das ein Irrtum ist – und mittlerweile sind auch die Ökonomen informiert. Sie haben erforscht, wie Menschen allein und in Teams arbeiten, und dabei festgestellt: In der Regel sind Teams gemeinsam deutlich produktiver, als wenn sie vereinzelt arbeiten. Es gibt einen eindeutigen Kollegen-Effekt. Er wurde sowohl im Labor als auch in der tatsächlichen Arbeitswelt nachgewiesen. Und er gilt schon für ganz simple Tätigkeiten. Zum Beispiel für das Eintüten von Briefen.

Das haben Armin Falk und Andrea Ichino gezeigt. Sie stellten Studenten dafür ein, Briefe zu verpacken, und ließen sie dabei entweder allein oder wiesen sie an, zu zweit in einem Raum zusammenzuarbeiten. Die Studenten wurden nicht nach der Anzahl der Briefe bezahlt, die sie schafften, sondern sie erhielten einen festen Betrag für vier Stunden Arbeit.

Das wichtigste Ergebnis der Studie war: Die Paare zeigten sich deutlich produktiver als zwei, die einzeln vor sich hinwerkelten. Sie verpackten im Schnitt deutlich mehr Briefe in den vier Stunden, nämlich 221 statt 190. Die Anwesenheit eines Kollegen mit der gleichen Aufgabe führte außerdem dazu, dass beide ein ähnliches Arbeitstempo entwickelten. Der Unterschied in der Zahl der fertiggestellten Briefe war zwischen zwei zufällig ausgewählten Einzelarbeitern deutlich größer als zwischen den Partnern, die gemeinsam in einem Raum saßen.

Das lag vor allem daran, dass die Langsamen sich von den Schnellen mitziehen ließen. So verpackten die langsamsten 10 Prozent der Arbeiter in den Paar-Experimenten im Schnitt 42 Briefe mehr als die langsamsten 10 Prozent der Einzelarbeiter. Die Schnellsten verbesserten sich nicht ganz so stark. Doch – entgegen dem üblichen Vorurteil – wurden auch sie nicht ausgebremst durch die Gruppenarbeit, sondern profitierten ebenfalls. Die schnellsten 10 Prozent der Studenten, die einen Partner hatten, schafften im Schnitt immerhin neun Briefe mehr als die schnellsten 10 Prozent der allein Arbeitenden. Einen besonders guten

Mitarbeiter einzustellen und in ein Team zu integrieren bringt also zweierlei: Er erbringt seine eigene gute Leistung und er steigert auch noch die Leistung derjenigen, die mit ihm zusammenarbeiten.

Doch funktioniert das auch im wirklichen Arbeitsleben jenseits des Feldexperiments? Alexandre Mas und Enrico Moretti zeigen, dass das der Fall ist. Sie analysieren die Daten einer großen Supermarktkette zu den Leistungen ihrer Kassierer. Hier kann sehr leicht erfasst werden, wie produktiv der Einzelne arbeitet. Mas und Moretti messen dies über die durchschnittliche Anzahl der Produkte, die ein Kassierer in einem Zehn-Minuten-Zeitraum pro Sekunde scannt. Dabei vergleichen sie nur Zeiträume, in denen es tatsächlich Kunden gab und in denen mindestens zwei Kassierer gearbeitet haben.

Ihre Ergebnisse bestätigen die Erkenntnisse aus dem Brief-Experiment. Wie schnell kassiert wird, hängt sehr stark davon ab, welche Partner einem Kassierer zugeteilt sind. Stößt ein schneller Kassierer zu einem langsamen Team, dann hebt das sofort die Leistungen aller. Die Langsamen werden angespornt, sich zu beeilen. Für die Supermarktkette wäre es also ideal, Kassierer mit möglichst unterschiedlicher Schnelligkeit in ein Team zusammenzusetzen, um am Ende das beste Ergebnis zu erzielen.

Doch die Forscher bleiben bei dieser Erkenntnis nicht stehen. Sie wollen erfahren, warum das so ist. Kassieren die

Langsamen auf einmal schneller, weil sie sich von den Schnellen unter Druck gesetzt und beobachtet fühlen? Oder legen sie im Tempo zu, weil sie sich per se nicht gerne unkooperativ verhalten? Schließlich muss der Schnellere deutlich mehr Kunden abfertigen, wenn der Langsame sein Ursprungstempo beibehält. Sind die Kassierer also intrinsisch motiviert oder extrinsisch? Mas und Moretti untersuchen das, indem sie fragen: Verhalten sich die langsameren Kassierer anders, wenn die schnellen sie sehen können? Und: Verhalten sie sich anders, wenn sie wissen, dass sie noch oft mit den schnellen Kollegen zusammenarbeiten werden?

Es zeigt sich, dass die Produktivität stark von diesen Faktoren abhängt. Nur Kollegen, die vom leistungsstarken Kassierer gesehen werden können, arbeiten schneller – nicht aber Kollegen, die in seinem Rücken sitzen. Außerdem nimmt der Effekt mit der Entfernung ab. Auch das Wissen darum, dass man noch häufig mit dem leistungsstarken Kassierer zusammenarbeitet, erhöht die Motivation, schneller zu kassieren.

Aus ihren Beobachtungen schließen die Forscher, dass Teams vor allem deshalb produktiver sind, weil sich die anderen von guten Kollegen unter Druck gesetzt fühlen. Es gibt keine innere Motivation, dem anderen Arbeit abzunehmen oder sich sozial zu verhalten, sondern nur eine äußere: die soziale Kontrolle.

Arbeitgeber können aus den Studien viele Konsequenzen ziehen, um die Produktivität ihrer Abteilungen zu steigern. Erstens: Ein Home Office ist gefährlich. Selbst besonders gute Mitarbeiter werden schlechter, wenn sie nicht mit Kollegen zusammenarbeiten, für besonders schlechte gilt das erst recht. Zudem ist es für alle Mitarbeiter kontraproduktiv, die Motivierten, Schnellen und Effizienten daheim arbeiten zu lassen, denn dann wird das ganze Team schlechter.

Zweitens sollte jeder einen möglichst guten Überblick gewinnen können, welcher Kollege wie viel arbeitet. Erst in einer solchen Situation färben die guten Leistungen der Engagierten auf die anderen ab. Drittens – und für manche sicher überraschend – sollten Teams keinesfalls nach Leistung aufgeteilt werden. Die Guten und die Schlechten voneinander zu trennen ist nicht sinnvoll. Vielmehr lohnt sich eine gute Mischung. Denn die Starken können die weniger Starken mitziehen. So gelingt es, gemeinsam mehr zu schaffen.

Armin Falk und Andrea Ichino: „Clean Evidence on Peer Effects", Journal of Labor Economics, 24 (1), 2006, Seiten 39–57.

Alexandre Mas und Enrico Moretti: „Peers at Work", in: American Economic Review, 99 (1), 2009, Seiten 112–145.

Dicke Menschen schaden der Umwelt

Ein Blick auf mehr oder weniger kluge Ideen
zum Klimaschutz. Mit Grüßen an Al Gore

Patrick Welter

In der Debatte um die Erderwärmung haben Ökonomen in einer Hinsicht nichts zu sagen: Es liegt nicht in ihrer Kompetenz, zu beurteilen, ob die Belege für den vermuteten schädlichen Einfluss von Kohlendioxid auf die Erderwärmung stichhaltig sind oder nicht. Da müssen schon Naturwissenschaftler ran. Ökonomen können aber sehr wohl beurteilen, ob die öffentliche Hand in Sachen Umweltschutz in den Markt eingreifen sollte. Schließlich dreht es sich in der Umweltpolitik darum, wie und von wem knappe Güter wie die Luft am besten verwendet werden. In diesem Feld sind Ökonomen Spezialisten.

Anstatt über ihr begrenztes Wissen nachzudenken, melden sich viele Volkswirte in der umweltpolitischen Diskussion freilich lieber mit geradezu bizarren Beiträgen zu Wort. So legten Hamburger Forscher unlängst dar, dass die Fettleibigkeit zu einem erhöhten Ausstoß von Kohlendioxid und damit zum Treibhausgaseffekt beitrage, weil dicke Menschen schwerer zu transportieren sind. Auch äßen sie mehr, so dass mehr Nahrung produziert und mehr organischer Müll weggeworfen werde. Wären die Menschen im Schnitt fünf Kilogramm leichter, könne allein der CO_2-Ausstoß im Straßenverkehr in den OECD-Ländern um 10 Millionen

Tonnen im Jahr reduziert werden. Hoffnungsfroh erwarten die Ökonomen Axel Michaelowa und Björn Dransfeld, dass die Diskussion um die Erderwärmung die breite Masse der Bevölkerung dazu bringe, sich politischem Zwang zur Verringerung der Fettleibigkeit zu unterwerfen.

Bedenklicher als solche amüsanten Beiträge ist, dass auch renommierte Studien auf Werturteilen und nicht auf handfester ökonomischer Analyse beruhen, wie etwa der Bericht der Forschergruppe um Nicholas Stern im Auftrag der britischen Regierung. Populär ging vor einem Jahr durch die Medien, der Treibhausgaseffekt werde die globale Wirtschaftsleistung jedes Jahr um mindestens 5 Prozent vermindern. Um die schädlichsten Folgen zu vermeiden, sei indes nur 1 Prozent der jährlichen Weltwirtschaftsleistung aufzubringen. Danach wäre der Umweltschutz eine besonders gute Investition.

Diese Kosten-Nutzen-Rechnung ist höchst fragwürdig. Während der Nutzen einer Vermeidung der Erderwärmung weit überwiegend künftigen Generationen zugutekommt, sind die Kosten auch heute zu tragen. Wer künftigen Nutzen mit heutigen Kosten vergleicht, muss entscheiden, wie sehr ihm das Wohl der künftigen Generationen am Herzen liegt. Zeitpräferenz nennen dies Ökonomen, und die Erfahrung lehrt, dass die Menschen üblicherweise die Zukunft geringer schätzen als die Gegenwart. Nicht umsonst verlangt in der Regel der Kapitalgeber bei der Rückzahlung einen Aufschlag, den Zins, um für sein Zeitopfer entschädigt zu werden. Erst die Diskontierung künftiger Kosten und Nutzen mit der Zinsrate auf den heutigen Zeitpunkt erlaubt, Kosten und Nutzen der Geldleihe wie des Umweltschutzes zu vergleichen.

Stern und seine Mitstreiter lehnen das Konzept der Zeitpräferenz für die Generationenabfolge indes ab: Es dürfe nicht sein, dass künftige Generationen weniger wert seien als heutige Menschen. Gerade mal eine Diskontrate von 0,1 Prozent setzen die Autoren des Stern-Reports an, um so das Risiko zu berücksichtigen, dass künftige Generationen womöglich als Folge eines Meteoriteneinschlages gar nicht mehr leben und heutige Kosten für den Umweltschutz sinnlos vertan wären.

Hinter dieser Annahme einer fast nicht vorhandenen Zeitpräferenz steht ein Werturteil, das Ökonomen nur in überzogener Selbstherrlichkeit, nicht aber auf Basis ihrer Erkenntnisse fällen können. Sicher aber können Ökonomen sagen, dass 0,1 Prozent als Maß für die Gegenwartsvorliebe der Menschen sehr – und wahrscheinlich viel zu – niedrig ist. Im historischen Normalfall verlangen Menschen als langfristigen Zinssatz häufig rund 4 Prozent. Dieser am Markt und nicht von oben vorgegebene Zinssatz ist ein weit realistischerer Wert für die allgemeine Gegenwartsvorliebe, wie der britische Ökonom Samuel Brittan argumentiert hat.

40 Diese philosophisch anmutende Diskussion hat handfeste Konsequenzen für die Berechnung von Kosten und Nutzen des Umweltschutzes: Je weniger wert die Zukunft geschätzt wird, desto geringer sind die berechneten Kosten der Erderwärmung – und desto weniger sinnvoll ist der heute betriebene Umweltschutz. Erst in einer verschämt nachgeschobenen Alternativrechnung zeigten etwa die Autoren des Stern-Reports, dass bei einer – immer noch niedrigen – Diskontrate von 1,5 Prozent die Kosten des Treibhauseffekts „nur" noch 2,5 Prozent und nicht mehr 5 Prozent der globalen Wirtschaftsleistung betragen. So lassen die scheinbar gut abgesicherten Aussagen über die Kosten und den Nutzen des Umweltschutzes sich gar trefflich manipulieren.

In seiner unnachahmlichen Art hat der Münchener Ökonom Hans-Werner Sinn solches Abwägen jetzt als fruchtlose „Nirvana-Ethik" bezeichnet. In der tatsächlichen Umweltpolitik sei nicht entscheidend, welche Zeitpräferenz ein wohlmeinender Ökonom empfehle. Entscheidend sei allein, wie stark die Menschen als Wähler die Zukunft gewichteten. Dem ist schwer zu widersprechen. Jede politische Behauptung, die Menschen schätzten die Zukunft und damit den Umweltschutz zu gering, kommt, wie Sinn darlegt, der Unterstellung gleich, dass Eltern sich um das Wohlergehen ihrer Kinder nicht sorgen. Ein solches Urteil steht keinem Ökonomen, aber auch keinem Politiker zu, will er sich nicht anmaßen, die Wünsche der Menschen besser zu kennen als diese selbst.

Stern und seine Mitstreiter ficht solche Kritik nicht an. Obwohl sie künftige Generationen nicht geringer schätzen wollen als die heute Lebenden, halten sie es für angemessen, dass die künftig Lebenden einen größeren Anteil an den Kosten des Umweltschutzes aufbringen sollen als die jetzige Generation. Als Grund nennen die Forscher, dass künftige Generationen wohlhabender seien. Auch diese Diskriminierung der Reicheren gründet in einem Werturteil, das mit Ökonomik nichts zu tun hat.

Axel Michaelowa, Björn Dransfeld: Greenhouse gas benefits of fighting obesity, HWWI Research Paper, 4–8, Hamburg, November 2006.

Hans-Werner Sinn: Public Policies Against Global Warming, Cesifo Working Paper, Nr. 2087, München, August 2007.

Stern review on the economics of climate change, im Internet unter http://www.hmtreasury. gov.uk/independent_reviews/stern_review_economics_climate_change/stern_review_report.cfm.

Was man hat, hat man
Warum wir Fußballkarten so ungern verkaufen und mit Probefahrten leicht reinzulegen sind

Hanno Beck

Der Besitz wird durch das Besitzen meistens geringer, hat Friedrich Nietzsche einmal festgestellt. So klug das klingt: Möglicherweise hat der deutsche Philosoph sich geirrt. Dieser Eindruck drängt sich angesichts vieler Forschungsergebnisse von Ökonomen und Psychologen auf. Der Tenor dieser Untersuchungen: Wir hängen zu sehr an unserem Besitz. So sehr, dass er bisweilen zu ökonomisch gesehen recht schrägem Verhalten führt.

Ein einfaches Experiment zeigt diesen sogenannten Besitztumseffekt: Man schenkt Versuchspersonen als Belohnung für das Ausfüllen eines Fragebogens einen Kaffeekrug. Und dann macht man ihnen ein Angebot: Für den Fall, dass sie den Kaffeekrug nicht mögen, dürfen sie ihn gegen einen Schokoriegel eintauschen. Doch rund 90 Prozent der Versuchspersonen entscheiden sich dafür, den Kaffeekrug zu behalten. Das ist, für sich genommen, wenig spektakulär.

Interessant wird dieses Experiment, wenn man es mit umgekehrten Vorzeichen wiederholt: Einer zweiten Gruppe von Versuchspersonen schenkt man nicht den Kaffeekrug, sondern den Schokoriegel. Wieder macht man den Versuchspersonen ein Angebot: Ob sie den Schokoriegel gegen einen Kaffeekrug eintauschen möchten? Jetzt entscheiden sich 90 Prozent der Versuchspersonen, den Schokoriegel zu behalten, statt ihn gegen den Krug einzutauschen.

Schaut man sich beide Versuchsgruppen an, so ergibt sich ein merkwürdiger Befund: Schenkt man den Versuchspersonen den Kaffeekrug, sind sie nicht bereit, ihn gegen den Schokoriegel einzutauschen, drückt man ihnen hingegen den Schokoriegel in die Hand, wollen sie diesen nicht gegen den Kaffeekrug eintauschen.

Und um das Ganze noch verwirrender zu machen, hatte Jack Knetsch – der Leiter des Experiments – einer dritten Gruppe von Versuchspersonen die Wahl überlassen, ob sie lieber einen Schokoriegel oder einen Kaffeekrug haben wollten. Jetzt entschieden sich rund 56 Prozent für den Krug, 44 Prozent für den Schokoriegel. Die Wertschätzung der Studenten für die Schokolade und die Krüge hing also davon ab, ob sich der jeweilige Gegenstand in ihrem Besitz befand oder nicht.

Dieses Phänomen bezeichnen Wissenschaftler als Besitztumseffekt, und er ist in vielen Experimenten, beispielsweise in simulierten Märkten, wiederholt bestätigt: Menschen messen einem Gegenstand einen höheren Wert bei, wenn sie diesen besitzen. Dabei zeigt sich: Der Besitztumseffekt tritt vor allem dann auf, wenn die Objekte, um die es geht, schwer ersetzbar sind.

Ein einfaches Beispiel verdeutlicht diese Idee: Stellen Sie sich vor, sie haben bei einer Verlosung eine Eintrittskarte für das Endspiel der Fußball-Weltmeisterschaft gewonnen. Welchen Preis muss man Ihnen zahlen, damit Sie diese Karte verkaufen, auch wenn Sie kein großer Fußballfan sind? Und nun stellen Sie sich die Situation andersherum vor: Was sind Sie bereit, für ein solches Ticket zu zahlen? Vermutlich liegt Ihre Zahlungsbereitschaft für das Ticket unter dem Preis, den man Ihnen zahlen müsste, wenn Sie es verkaufen. Besitztumseffekt in Reinkultur. Für den klassischen Ökonomen ist ein solcher Befund verwirrend: Für die Wertschätzung eines Gutes – und damit für die Zahlungsbereitschaft eines Menschen – sollte es keinen Unterschied machen, ob man dieses Gut besitzt oder nicht.

Gegenstände, die leicht zu ersetzen sind oder die wir täglich einkaufen, lösen den Besitztumseffekt weniger aus. Es sind vor allem langlebige Konsumgüter, an die wir unser Herz verlieren. Das deckt sich mit der Beobachtung, dass professionelle Händler kaum am Besitztumseffekt leiden: Die Waren, die der Händler verkauft, sind für ihn leicht wiederzubeschaffen, er nimmt sie nicht als Besitz wahr, sondern als Tauschmittel, als durchlaufenden Posten in seiner mentalen Buchhaltung. Das schützt ihn davor, zu sehr seinem Besitz zu verfallen – sonst würde er nur wenig verkaufen.

Umgekehrt setzen Verkäufer den Besitztumseffekt gegen ihre Kunden ein, indem sie diese einladen, ihr Produkt mit nach Hause zu nehmen, "in Ruhe" auszuprobieren und sich dann zu entscheiden.

Mit Blick auf den Besitztumseffekt ist das clever: Wenn den Probanden in den Experimenten schon nach so kurzer Zeit ihr Kaffeekrug ans Herz wächst, was passiert dann, wenn man das neue Auto "zur Probe" mit nach Hause nimmt? Man nimmt das gute Stück mental schon in Besitz, was eine Herausgabe am Ende der Probezeit deutlich schwieriger gestaltet. Ganz so, wie es sich der Händler wünscht. Die Probezeit oder Probefahrt ist keine nette Geste des Verkäufers, sondern eine knallharte Verkaufsveranstaltung.

Welche Folgen dieser Effekt haben kann, zeigt ein heikles Angebot: Sie können Ihr jährliches Einkommen um 700 Euro erhöhen, wenn Sie im Gegenzug dafür ein um 0,5 Prozent erhöhtes Unfallrisiko akzeptieren. Die Mehrheit der Versuchspersonen lehnt dieses Angebot ab. Bietet man ihnen hingegen an, gegen eine jährliche Zahlung von 700 Euro ihr Unfallrisiko um 0,5 Prozent zu senken, so akzeptieren nur wenige Menschen dieses Angebot, obwohl es um das gleiche Risiko und das gleiche Geld geht. Auch in dieser Befragung hängt die Antwort vom Ausgangspunkt ab: Unseren jetzigen Gesundheitszustand empfinden wir als Besitz, den wir verteidigen.

Unter dem Strich zeigt sich, dass Nietzsche offenbar unrecht hatte: Besitz macht Besitz nicht geringer, sondern wertvoller. Vielleicht sollte man sich eher an einem anderen deutschen Philosophen orientieren: Es war Immanuel Kant, der erkannte, dass man nicht reich ist durch das, was man besitzt, sondern mehr noch durch das, was man mit Würde zu entbehren weiß.

Knetsch, Jack L.: The endowment effect and evidence of nonreversible indifference curves, in: American Economic Review, Vol. 79, No. 5 (Dec. 1989), pp. 1277–1284.

Was hat die dicke Frau im Ballett zu suchen?

Gar nichts. Das zeigt nur, was Antidiskriminierungsgesetze anrichten können

Philip Plickert

Sie glauben, Sie haben die Freiheit zu entscheiden, mit wem Sie geschäftliche Beziehungen eingehen – und mit wem nicht? Vergessen Sie's! Nach den neusten Plänen der EU-Kommission sollen nicht nur der gesamte Arbeitsmarkt, sondern auch die meisten Geschäfte des Alltagslebens unter ein strenges, erweitertes Antidiskriminierungsgesetz fallen. Wie Mehltau legen sich diese Regulierungen und Bevormundung über die Gesellschaft. In Deutschland hat die große Koalition 2006 in vorauseilendem Gehorsam (die CDU dabei unter Bruch eines Wahlversprechens) und mit deutscher Gründlichkeit die einschlägigen Antidiskriminierungsvorgaben aus Brüssel übererfüllt – einschließlich einer rechtsstaatlich höchst bedenklichen Beweislastumkehr zu Lasten von Beklagten.

Zwar ist die befürchtete Prozesswelle wegen Diskriminierung bislang ausgeblieben. Aber das AGG (Allgemeines Gleichbehandlungsgesetz) hat den deutschen Unternehmen schon erhebliche Kosten verursacht, die letztlich der Verbraucher zahlt: 1,7 Milliarden Euro haben die Unternehmen nach Berechnung des Wirtschaftsprofessors Andreas Hoffjan von der TU Dortmund bislang ausgegeben, um ihre Mitarbeiter im neuen Antidiskriminierungsrecht zu schulen und noch mehr Betriebsabläufe zu dokumentieren, um für etwaige Klagen von angeblich Diskriminierten gewappnet zu sein.

Aus Belgien wurde vor einem Monat ein skurriler, auch erschreckender Fall bekannt: Dort hatte ein Unternehmen, das Türen und Garagentore herstellt, ein Plakat „Personal gesucht" aufgestellt. Allerdings rutschte dem Chef der Firma gegenüber einer Zeitung heraus, er wolle keine marokkanischen Monteure einstellen, weil seine Kunden diese nicht ins Haus lassen würden. Diese Aussage griff das belgische „Centrum voor gelijkheid", eine Antirassismus-organisation, auf und zog gegen das Unternehmen vor Gericht – obwohl sich kein einziger abgelehnter marokkanischer Bewerber beschwert hatte. Der Europäische Gerichtshof verurteilte nun den Unternehmer. Auch ohne identifizierbares „Opfer" habe er sich strafbar gemacht.

Was für ein fragwürdiges Verständnis von Marktwirtschaft und Rechtsstaat hinter solcher Politik steht, hat Milton Friedman in seinem Buch „Capitalism and Freedom" schon vor 50 Jahren kritisiert. Friedman, als Sohn jüdischer Einwanderer aus Galizien mit Diskriminierung durchaus vertraut, versuchte klarzumachen, dass die Marktwirtschaft gerade den Minderheiten und Außenseitern Chancen eröffne, wogegen ihnen in staatsdominierten und monopolisierten Bereichen ein diskriminierendes Klima besonders schade. Seine Kernsatz lautete: „Ein unpersönlicher Markt trennt wirtschaftliche Aktivitäten von politischen Ansichten und schützt zugleich den Einzelnen vor Diskriminierung infolge von Gründen, die mit seiner Produktivität nichts zu tun haben."

Was heißt diskriminieren? Das lateinische Wort bedeutet schlicht „unterscheiden". Jeder Marktteilnehmer „diskriminiert" permanent zwischen unterschiedlichen Angeboten. Er wägt ab und entscheidet letztlich nach seinem Gutdünken. Tatsächlich schadet sich ja ein diskriminierender Geschäftsmann oder Konsument selbst, wenn er irrationalen Vorurteilen folgt und Waren oder Dienstleistungen nicht vom günstigsten und besten Anbieter bezieht. Der Markt, so Friedmans Argument, sei letztlich farbenblind. „Kein Brotkäufer weiß, ob der verwendete Weizen von einem Kommunisten oder Republikaner, Konstitutionalisten oder Faschisten, von einem Farbigen oder einem Weißen angebaut wurde." Umgekehrt aber – auch das hob Friedman hervor – solle der Staat niemanden verfolgen, wenn er sich in seinen persönlichen Geschäften von Vorurteilen leiten lasse, sowenig man diese auch gutheiße.

Wohin eine übersteigerte Antidiskriminierungspolitik nach den Maßgaben der „Political Correctness" führen kann und welche Gefahren für wirtschaftliche und politische Freiheitsrechte daraus erwachsen, hat David Bernstein in seinem Buch „You can't say that" gezeigt. Das Buch des jungen Juraprofessors von der George-Mason-Universität ist mit absurden Fallbeispielen aus den Vereinigten Staaten gespickt. Es zeigt, wie staatliche Stellen, besonders die

Equal Employment Opportunity Commission, zusammen mit privaten Organisationen eine regelrechte Antidiskriminierungsindustrie bilden, die immer mehr Privatleute oder Unternehmen vor Gericht zerrt – und dabei kräftig verdient.

Da war etwa jene Frau, die erfolgreich gegen das Ballett von San Francisco klagte, das sie wegen ihrer Figur abgelehnt hatte. Viele Zeitungen führen heute interne Listen von Worten und Sätzen, die in Mietanzeigen verboten sind: Tabu sind neben dem eindeutigen „keine Mexikaner" auch der Hinweis „nahe der Kirche" oder „in Laufweite zur Synagoge", da dies eine Präferenz für Christen oder Juden anzeigen könnte. Die ausufernde Antidiskriminierungspolitik ebnet den Weg auch für Prozesshansel, die aus Rachsucht ihre Vermieter, Arbeitgeber oder auch Privatleute verklagen. Im Grunde kann es jeden treffen.

Und nicht nur wirtschaftliche, sondern viel weiter reichende Grundrechte sind tangiert: Wer kontroverse politische Ansichten äußert, etwa zur Einwanderung, die andere als diskriminierend empfinden, steht schnell vor Gericht. Spätestens da stehe die Meinungsfreiheit auf dem Spiel, der Erste Zusatzartikel und Grundpfeiler der freiheitlichen amerikanischen Verfassung, beklagt Bernstein.

Unmissverständlich hat Hannah Arendt, die große Kämpferin gegen totalitäre Tendenzen, dargelegt: „Diskriminierung ist ein ebenso unabdingbares gesellschaftliches Recht wie Gleichheit ein politisches ist." Gemeint ist aber Gleichheit vor dem Gesetz, wie es Artikel 3 des Grundgesetzes fordert, und nicht Gleichbehandlungszwang im privaten oder geschäftlichen Umgang. Letztlich bedeuten Antidiskriminierungsgesetze einen Angriff auf den Grundgedanken des Rechtsstaats, wenn der Staat nicht Taten, die Mitbürger schädigen, sondern Nicht-Taten (eben ein Nicht-Geschäft) ahndet und sich dabei anmaßt, die Motive der Bevölkerung zu erforschen und zu ändern. Der freiheitliche Rechtsstaat mutiert damit zum illiberalen Gesinnungs- und Erziehungsstaat.

Milton Friedman: Kapitalismus und Freiheit, München 2004, Piper Verlag.

David E. Bernstein: You can't say that! The growing threat to civil liberties from antidiscrimination laws, Washington 2003, Cato Institute.

ALLES ÜBER DIE FINANZKRISE

30 spektakulär nutzlose Jahre

Die neuere Ökonomie war sinnlos, sagt Paul Krugman.
Sie hatte ein falsches Menschenbild

Lisa Nienhaus

Wenn Nobelpreisträger ratlos sind, dann ist der Zuschauer verwundert. Wenn ein Paul Krugman in ökonomischen Fragen ratlos ist, dann ist das sogar besonders bemerkenswert. Denn in der Regel hat der Wirtschaftsnobelpreisträger des Jahres 2008 wenig Schwierigkeiten, zu jedem ökonomischen Thema eine Meinung zu finden. Doch in seinem Vortrag an der London School of Economics über die Schwierigkeiten der Ökonomen, diese Krise vorherzusehen, gibt es einen Moment der Ratlosigkeit. Da sagt er: „Wir brauchen eine ganze neue Art, Ökonomie zu lehren", gibt aber zu: „Ich weiß auch nicht so genau, wie das gehen soll."

Natürlich hat Krugman trotzdem eine Idee, wie seine Wissenschaft wieder vorankommen kann. Er findet: Zunächst muss man verstehen, wie es so weit kommen konnte, dass die meisten Ökonomen blind waren für die größte Wirtschaftskrise seit Jahrzehnten. Hierfür hat Krugman eine Erklärung, und zum Glück für den Zuhörer sagt er: „There goes a story with it" – es gibt eine Geschichte dazu.

Seine Geschichte beginnt so: Die erste ernsthafte makroökonomische Analyse von Krisen gab es mit der Weltwirtschaftskrise. Damals legte John Maynard Keynes, Krugmans großer Lehrmeister, die Grundlage für das Fach. Es sind die Einsichten aus dieser Zeit, die uns auch in dieser Krise weiterhelfen, findet Krugman. Und es sind beinahe nur diese Einsichten. Krugman diagnostiziert: „Der Großteil der Makroökonomie der vergangenen 30 Jahre war im besten Fall spektakulär nutzlos und im schlimmsten Fall schädlich."

Woran liegt das? Krugman antwortet: an den großen Erfolgen einiger großer Ökonomen und den Bemühungen anderer, diesen Erfolgen nachzueifern. Er holt etwas länger aus, um das zu erklären: Bis in die siebziger Jahre glaubten viele Ökonomen (und Politiker) daran, dass Inflation und Arbeitslosigkeit eng miteinander zusammenhängen. Hielt man die Preissteigerung niedrig, so stieg die Arbeitslosigkeit. Ließ man die Preise hingegen steigen, so konnte Vollbeschäftigung erreicht werden. Die Daten der sechziger Jahre schienen diese These zu bestätigen.

Ein berühmter Ökonom jedoch glaubte nicht daran: Milton Friedman. Er war der festen Überzeugung, dass es ein solches Phänomen höchstens übergangsweise geben konnte. Seine Erklärung dafür lautet verkürzt: Die Menschen verhalten sich rational. Gibt es lange eine hohe Inflation, dann erwarten sie diese auch für die Zukunft. In der Folge verlangen sie höhere Löhne, um die Verluste durch die Inflation wieder auszugleichen. Das wiederum führt dazu, dass die Firmen nicht mehr Menschen einstellen können. Es gibt zwar hohe Inflation, aber trotzdem nicht weniger

Arbeitslosigkeit. Schon in den sechziger Jahren sagte Friedman voraus, dass der Zusammenhang zwischen Inflation und Arbeitslosigkeit deshalb nicht dauerhaft sein kann. „Das war einer der großen Vorhersageerfolge der Ökonomie", lobt Krugman. Denn kurz darauf trat die Prognose tatsächlich ein.

Der Erfolg führte dazu, dass die Ökonomie sich neu orientierte. „Die Wissenschaftler glaubten nun, man komme voran in der Makroökonomie, wenn man die Menschen als klug und rational ansieht", sagt Krugman. In der Folge wurden sie immer strikter in ihren Rationalitätsannahmen. Mit anderen Worten: Sie übertreiben es. Der Höhepunkt war erreicht, als Robert Lucas die These aufstellte, der Mensch handle nicht nur rational, sondern er habe auch rationale Erwartungen. Damit meinte er, dass die Menschen mehr oder weniger über alle Informationen verfügten und ein eigenes Modell hätten, mit dem sie vernünftige Erwartungen über die Zukunft herleiten könnten. „Lucas nahm Friedman ernster als Friedman sich selbst nahm", kommentiert das Krugman.

Lucas' These hatte jedoch ein Problem: Sie konnte Konjunkturschwankungen und Krisen nur schlecht erklären, zumindest konnte sie sie nicht mit menschlichem Verhalten erklären. Denn die Menschen verhielten sich bei Lucas ja stets rational, neigten also nicht zu Übertreibungen wie Gier und Angst. So spaltete sich die Wissenschaft nach Lucas in zwei Lager: die einen, die weiterhin an den vollständig rationalen Menschen glaubten und die Schwankungen in der Konjunktur vor allem mit Technologieschocks erklärten (Real-Business-Cycle-Schule), und die anderen, die glaubten, dass Menschen eben nicht vollständig rational waren und dadurch Schwankungen in der Wirtschaft auslösen konnten (Neue Keynesianer). Oder, wie Krugman provokanter formuliert: Die Ökonomen spalteten sich in eine Gruppe, die sich die meiste Zeit mit Modellen beschäftigte, in denen diese Krise nicht passieren konnte (Neue Keynesianer) und in eine, die sich die ganze Zeit mit Modellen beschäftigte, in denen diese Krise nicht passieren konnte (Real-Business-Cycle-Schule).

Natürlich ist Krugman, selbst Keynesianer, parteiisch. Doch es ist interessant, dass er gerade auch den Teil der Ökonomen kritisiert, der ihm gedanklich nahesteht. Die neuen Keynesianer hätten sich kaum mehr mit Krisen beschäftigt, sagt er. Der Grund dafür sei, dass sie nur ganz kleine Abweichungen vom Konzept des rationalen Menschen zuließen. Denn in Wirklichkeit litten sie, so formuliert es Krugman, an „Maximisierungsneid". Sie hatten das Gefühl, erst dann theoretisch zu arbeiten, wenn sie auch komplizierte Mathematik verwendeten „mit ersten und zweiten Ableitungen". Und das ging nun einmal besser, wenn man vom rationalen Menschen ausging. So führte für Krugman der Erfolg der Rationalitätsannahme gepaart mit einer Mathematikmanie dazu, dass die Wissenschaftler in dieser Krise blind waren.

Bleibt die Frage, was nun passieren soll, da die Diagnose gestellt ist. Wie soll die Wissenschaft ein neues Menschenbild finden? Darauf findet Krugman am Ende doch noch eine Antwort: mit Hilfe der Wirtschaftsgeschichte. Damit meint er etwas anderes als das übliche Theorientesten an alten Daten. Als lobendes Beispiel hebt er die Arbeiten von Kenneth Rogoff und Carmen Reinhart hervor, die die Gemeinsamkeiten vergangener Krisen studieren und beschreiben. „Wir müssen wieder sagen: Lasst uns einfach mal gucken, was passiert ist", sagt Krugman. Er plädiert also für einen Typ von Wissenschaftler, der zunächst beobachtet, nicht interpretiert. Die Theoretiker, so suggeriert er, haben schon genug Schaden angerichtet.

Paul Krugman: „The Return of Depression Economics Part 3: The night they reread Minsky", Rede an der London School of Economics, als Video abrufbar auf: http://www.lse.ac.uk/resources/podcasts/publicLecturesAndEvents.htm.

Der Dollar verliert seinen Nimbus

Die Welt sucht nach einer neuen Leitwährung –
und landet wieder beim Dollar

Patrick Bernau

Immer mehr Leute fordern, den US-Dollar als Welt-Reservewährung abzulösen. Einige der Kritiker haben ganz gute Argumente, zumindest auf den ersten Blick.

Die Chinesen zum Beispiel. Sie dringen schon seit einiger Zeit auf eine Stärkung des IWF und seiner Kunstwährung „Sonderziehungsrechte". Dabei berufen sie sich auf den alten belgischen Ökonomen Robert Triffin und das von ihm entdeckte „Triffin-Dilemma", das die Ökonomen lange Zeit vergessen hatten.

Triffin hatte seine große Zeit nämlich schon in den Jahren nach dem Zweiten Weltkrieg. Damals galt auf der Welt das Währungssystem, das die Regierungschefs in einem Hotel im amerikanischen Bretton Woods beschlossen hatten. Die Regeln waren einfach: Alle Währungen hatten einen festen Kurs zum US-Dollar, und der wiederum war jederzeit gegen eine bestimmte Menge Gold austauschbar, nämlich ungefähr 0,89 Gramm.

Robert Triffin sah früh, dass dieses System scheitern musste. Das Problem daran war die Leitwährung, also der US-Dollar. Davon brauchten die anderen Länder immer mehr –

nicht nur als Währungsreserven für Notfälle, sondern schlicht um die Rechnungen im wachsenden internationalen Handel zu begleichen. Schon waren die Vereinigten Staaten im Dilemma: Wenn sie den Welthandel nicht beeinträchtigen wollten, mussten sie immer mehr US-Dollar liefern. Das konnten sie aber nur schaffen, wenn sie den Goldstandard aufweichten – und so das Vertrauen in den US-Dollar schwächten. Diese Analyse trug Triffin schon 1960 dem amerikanischen Kongress vor. Es dauerte danach noch elf Jahre, bis der Goldstandard fiel und mit ihm das System von Bretton Woods.

Als das Bretton-Woods-System abgeschafft war, wurde das Triffin-Dilemma jahrzehntelang fast nur noch von Wirtschaftshistorikern beachtet. Jetzt hat es der chinesische Notenbankpräsident Zhou Xiaochuan zurück in die Diskussion gebracht. Er erinnerte kürzlich daran, dass das Triffin-Dilemma nicht nur in einer Welt mit festen Wechselkursen und Goldstandard gilt, sondern möglicherweise auch im aktuellen Währungssystem.

Denn als Leit- und Reservewährung dient der US-Dollar immer noch auf der ganzen Welt – einige Ökonomen nennen das aktuelle Währungssystem sogar „Bretton Woods II", weil der chinesische Renminbi und viele andere Währungen nach wie vor recht eng an den US-Dollar gekoppelt sind. Darum stellen die Amerikaner der Welt immer noch Billionen von US-Dollar bereit. Nun ist aber jeder US-Dollar, der irgendwo auf der Welt unterwegs ist, ein Kredit des

Auslands an die Vereinigten Staaten, denn prinzipiell hat jeder Dollarbesitzer den Anspruch, für sein amerikanisches Geld Dinge aus Amerika zu bekommen. Das neu formulierte Triffin-Dilemma lautet darum so: Entweder die Fed stoppt den Dollarfluss und beeinträchtigt so ihre eigene Wirtschaft und den Welthandel. Oder sie lässt zu, dass sich Amerika über Gebühr im Ausland verschuldet.

In den vergangenen zehn Jahren entschieden sich die Amerikaner meist für Letzteres. Und sie häuften immer neue Schulden beim Ausland an. Darin sehen Experten zumindest einen der vielen Gründe für die Finanzkrise. Sie begann ja damit, dass amerikanische Bauherren sich überschuldeten. Ganz Amerika konnte zu niedrigen Zinsen immer neue Schulden machen, weil andere Länder bereit waren, Dollar zu nehmen, und den Amerikanern auf diese Weise Kredit gaben.

Der Mechanismus ist sogar jetzt noch intakt. Denn obwohl Amerika das Land ist, in dem die Krise ihren Ursprung hat und das am härtesten getroffen ist, wertet der US-Dollar nicht etwa ab. Sondern er wird umso stärker, je heftiger die Finanzkrise wird. Denn der US-Dollar ist nach wie vor die wichtigste Währung und das beste Zahlungsmittel der Welt – und wer Angst vor einer heftigen Finanzkrise hat, der sucht Sicherheit im US-Dollar.

Chinas Notenbankchef fordert jetzt, mit der Zeit eine neue Leitwährung für die Welt zu schaffen. Dabei orientiert er sich an John Maynard Keynes, der schon nach der Weltwirtschaftskrise eine internationale Währungseinheit forderte. Heute will der Notenbankchef die „Sonderziehungsrechte" (SZR) verwenden, die der Internationale Währungsfonds schon seit 40 Jahren hat. Sonderziehungsrechte sind eine Kunst-Währungseinheit des IWF und verleihen ihrem Inhaber den Anspruch, Geld aus verschiedenen Währungen nach einem bestimmten Schlüssel zu fordern: US-Dollar, Euro, Pfund und Yen. Dass den Chinesen eine Welt voller Sonderziehungsrechte lieber wäre als das aktuelle System, ist leicht nachvollziehbar. Denn weil sie in den vergangenen Jahren Exporte von enormem Wert an die Vereinigten Staaten quasi auf Kredit geliefert haben, haben sie jetzt rund 2 Billionen Dollar an Währungsreserven, das meiste davon offenbar in amerikanischen Staatsanleihen. Doch das Risiko für diese Anlagen ist hoch: Wenn sich Amerika entscheidet, seine Schulden durch Inflation abzubauen, verlieren Chinas Reserven enorm an Wert.

Die Idee einer Über-Währung findet allerdings auch außerhalb Chinas immer mehr Anhänger. Auch die Weltbank-Ökonomin Nadia Piffaretti hat die Vorschläge Keynes' noch einmal auf ihre Tauglichkeit für die aktuelle Wirtschaftswelt untersucht. Sie stellt dabei allerdings einen wichtigen Punkt fest: Eine Welt voller Sonderziehungsrechte ist nicht an sich besser. Es braucht auch zusätzliche Institutionen, zum Beispiel eine Welt-Notenbank.

Das ist ein wichtiger Haken an Chinas Vorschlag: In ihrer aktuellen Form sind die Sonderziehungsrechte als Weltwährung kaum brauchbar. Das zeigte sich zum Beispiel in der Finanzkrise: Da sollte der Internationale Währungsfonds neue Sonderziehungsrechte schaffen, um Staaten in Not zu helfen – aber bevor das geschehen konnte, war ein Weltfinanzgipfel inklusive Vorbereitungstreffen nötig. Eine Währung, deren Verwalter so langsam sind, dürfte nur wenig Vertrauen finden. Auch Keynes hatte seine internationale Währungseinheit nicht ohne eine Notenbank geplant. Dass irgendjemand dem Internationalen Währungsfonds aber so viel Macht gibt, das ist kaum denkbar.

Robert Triffin, Gold and the Dollar Crisis: The Future of Convertibility, New Haven/Yale University Press, 1960.

Zhou Xiaochuan, Reform the International Monetary System, http://www.pbc.gov.cn/english/detail.asp?col=6500&id=178.

Nadia F. Piffaretti, Reshaping the International Monetary Architecture and Addressing Global Imbalances: Lessons from the Keynes Plan. MPRA Paper 1265, Dezember 2008.

Die Aufsicht legt den Banken Zügel an

Sie haben exzessiv Kredite vergeben. Jetzt sollen sie in Sippenhaft genommen werden

Benedikt Fehr

Die Bankenkrise ist schlimm. Mehrere Finanzhäuser meldeten Milliardenverluste, einige Großbanken mussten den Staat um Nothilfen angehen. Zu den zentralen Ursachen des Desasters zählt, dass viele Banken in den Jahren vor der Krise stark expandiert haben: Sie vergaben in großem Stil Kredite und gingen zu ihrer eigenen Refinanzierung selbst große Verbindlichkeiten ein. Die Strategie bescherte ihnen satte Gewinne, zumal die monetäre Expansion zunächst eine enorme Spekulationsblase an den Immobilien- und Finanzmärkten befeuerte. Doch seit die Blase geplatzt und die Weltwirtschaft auf Talfahrt ist, werden immer mehr Kredite faul – und für die Banken zu einer Quelle existenzbedrohender Verluste.

Aufsichtsbehörden, Zentralbanken, Finanzminister, Bankenverbände und Wissenschaftler arbeiten seit Monaten daran, Lehren aus der Krise zu ziehen und Reformen anzustoßen. Kaum überraschend gibt es dabei auch Streit. Besonders heftig umstritten ist, ob den Banken zusätzlich zu den bereits bestehenden Eigenkapitalvorschriften noch die Einhaltung einer „Leverage Ratio" vorgeschrieben werden soll – um den „Kredithebel" (leverage) des Bankensystems steuern und übermäßige Kreditvergabe verhindern zu können. Die schweizerische Bankenaufsicht hat dies bereits getan, der deutsche Sachverständigenrat hat es in seinem jüngsten Gutachten empfohlen; doch die Deutsche Bundesbank und die Bundesanstalt für Finanzdienstleistungsaufsicht (BaFin) lehnen das Konzept brüsk ab. Um was geht es?

Schon seit den achtziger Jahren des vergangenen Jahrhunderts schreiben die „Basel I"-Regeln den Banken vor, alle Engagements mit Verlustrisiko in ihrer Bilanz mit Eigenkapital zu unterlegen. Vereinfacht dargestellt musste jede Bank für 100 Millionen Euro an Krediten, die sie Unternehmen gewährt hatte, mindestens 8 Millionen Euro an Eigenmitteln vorhalten. Dieses Eigenkapital muss etwaige Verluste durch den Ausfall von Krediten tragen – so dass solch eine gebeutelte Bank nicht, wie viele Institute jetzt, auf Stützung von außen angewiesen ist.

Die Vorschrift, für jeden Kredit ein bestimmtes Mindestmaß an Eigenmitteln vorzuhalten, setzt der Bank eine gewisse Grenze für ihre Kreditvergabe. Allerdings haben viele Institute die Regeln gezielt umgangen. Ein Weg dazu war die Verlagerung von Krediten in außerbilanzielle „Zweckgesellschaften"; das minderte den Eigenkapitalbedarf der Banken, denen gleichwohl die Gewinne ihrer „Schattenbanken" zuflossen. Die Folge: Die Eigenkapitalrendite stieg und damit oft auch der Bonus der Bankmanager. Seit dem Jahre 2008 gelten die neuen „Basel II"-Regeln. Nach ihnen werden die Risiken in den Bankbilanzen einzeln erfasst, nach einem ausgeklügelten Schema gewichtet und addiert. Der Eigenkapitalbedarf richtet sich nach dieser Summe. Zudem rollt „Basel II" dem Unwesen der Schattenbanken einige Steine in den Weg. Die neuen Regeln haben viele Vorzüge. Zu ihren Nachteilen zählt, dass sie hochkompliziert und wenig anschaulich sind. Zudem nehmen die Basler Regeln jeweils nur jede Bank einzeln in den Blick. Das Finanzsystem insgesamt ist ausgeblendet: dass es insgesamt zu einer exzessiven Kreditvergabe kommen kann, wenn viele Banken – dabei jede für sich durchaus im Einklang mit den Regeln – ihre Kreditvergabe steigern.

Hier setzt der Vorschlag des Sachverständigenrats an: Demnach sollen die Banken zusätzlich eine „Leverage Ratio" einhalten; angedacht ist, dass sie für jedes Engagement in Höhe von 100 Euro jeweils mindestens 3 Prozent an Eigenkapital vorhalten müssen – ohne jegliche Gewichtung der Risiken, und damit sehr klar und übersichtlich. Der eigentliche Clou des Konzepts aber ist, dass die Aufsichtsbehörde den Eigenkapitalbedarf auf bis zu 5 Prozent erhöhen kann, wenn sie zu der Einschätzung gelangt, dass die Kreditvergabe insgesamt zu stark zunimmt. Damit würde die „mikroprudentielle" Aufsicht über die einzelnen Institute mit der „makroprudentiellen" Verantwortung für die Stabilität des Finanzsystems insgesamt verknüpft.

Wichtige Einzelheiten des Konzepts sind noch offen. Dazu zählt die Frage, ob sich die „Leverage Ratio" nach vorgegebenen Regeln verändern sollte – was transparent, aber auch ausrechenbar wäre. Oder ob die Aufsicht sie nach eigenem Ermessen variieren können sollte. Hieran macht sich, unter anderem, die Ablehnung von Bundesbank und BaFin fest: Die Aufsichtsbehörde müsse über geradezu hellseherische Fähigkeiten verfügen, wenn sie ein Urteil fällen solle, ob die Gesamtkreditvergabe der Lage in der Wirtschaft und an den Finanzmärkten angemessen sei, kritisieren sie. Zudem stehe zu befürchten, dass das Handeln der Aufsichtsbehörde stark politisiert würde – zum Beispiel mit Blick auf Vor- und Nachteile der heimischen Banken im globalen Wettbewerb.

Bundesbank und BaFin werben deshalb dafür, die Basel-II-Regeln im Lichte der Erfahrungen weiterzuentwickeln, beispielsweise die Regeln für das Liquiditätsmanagement der Banken zu verschärfen. Denkbar sei auch, für das gesamte Kreditvolumen einer Bank einen allgemeinen Prozentsatz an Wertberichtigung vorzuschreiben, dessen Höhe mit der Zunahme des Kreditgeschäfts progressiv steigt. Das ist ein Vorschlag, der einer Begrenzung der Leverage Ratio in mancherlei Hinsicht ähnelt. Eines scheint somit trotz allen Streits ziemlich gewiss: Künftig wird zusätzlich zu den Basel-II-Regeln eine Bremse eingebaut, damit es nicht wieder zu solch einer exzessiven Kreditvergabe und ihren schlimmen Folgen für die gesamte Wirtschaft kommt.

Sachverständigenrat zur Begutachtung der gesamtwirtschaftlichen Entwicklung: Jahresgutachten 2008/2009, insbes. Ziffern 285ff. http://www.sachverstaendigenrat-wirtschaft.de.

Das Gold der Toren

Wie Kreditversicherungen vom Allheilmittel
zur Massenvernichtungswaffe wurden

Gerald Braunberger

Im Jahre 1993 bat der amerikanische Ölkonzern Exxon die Großbank J.P. Morgan um einen Milliardenkredit. Die Bank wollte das Gesuch wegen ihrer langjährigen Geschäftsbeziehungen mit Exxon nicht ablehnen, aber eigentlich passte ihr der Großkredit nicht ins Konzept. Denn zum einen war mit ihm kaum etwas zu verdienen, und zum anderen verlangte er eine Unterlegung mit knappem Eigenkapital, das die Bank nicht zur Vergabe rentablerer Kredite verwenden konnte.

In dieser – im Bankgeschäft nicht ungewöhnlichen – Situation hatte die junge Kreditexpertin Blythe Masters einen genialen Einfall, der die Finanzmärkte verändern sollte: Sie suchte einen Kunden, der J.P. Morgan gegen eine jährliche Prämie das Ausfallrisiko des Exxon-Kredits abnehmen und damit das Eigenkapital der Bank schonen würde. Masters fand diesen Kunden in der in London ansässigen Europäischen Bank für Wiederaufbau und Entwicklung (EBRD), die an der Prämieneinnahme interessiert war und kein Problem in der Übernahme des Kreditausfallrisikos sah, da Exxon als nahezu unverwundbarer Koloss galt. Die Verteilung von Risiken innerhalb des Finanzsystems durch Kreditausfallversicherungen (Credit Default Swaps, CDS) hatte ihren ersten großen Auftritt.

Die Rolle der Kreditausfallversicherung (CDS) für die Entwicklung der Finanzmärkte und ihre Rolle in der 2007 ausgebrochenen Krise bilden das Thema eines Buches der preisgekrönten britischen Finanzjournalistin Gillian Tett, die von sich behaupten kann, sie habe das Unheil schon vor Ausbruch der Krise kommen sehen. Das Buch ist eine Insidergeschichte, geschrieben aus der Perspektive von aktuellen und ehemaligen Mitarbeitern der Großbank J.P. Morgan.

Die Perspektive ist reizvoll, weil J.P. Morgan das damals unter der Bezeichnung „Bistro" bekannte Paket aus der Bündelung von Krediten in Wertpapieren, ihre Risikoabsicherung durch CDS und die Schaffung von Schattenbanken („Conduits"), in denen solche Wertpapiere untergebracht wurden, popularisiert hatte. Die Leute von J.P. Morgan hatten allerdings früh die Risiken dieser Konstruktionen gesehen und sich zurückgehalten, während immer mehr Konkurrenten blind für die Risiken wurden und hemmungslos Geschäfte machten.

Tetts Buch ist die Geschichte einer an sich sinnvollen Idee, die durch häufig geradezu erschütternde Inkompetenz, extremen Wettbewerbsdruck und letztlich auch nackte Gier zu einem Monster wurde: der Streuung von Risiken durch Instrumente wie CDS. Es ist auch eine Geschichte der verpassten Chancen, denn die Risiken an den vor 2007 heißlaufenden Märkten waren bekannt und die Alarmglocken hatten innerhalb des Finanzsystems rechtzeitig geläutet. Aber sie wurden nicht nur nicht gehört, sondern geradezu als Anlass genommen, die Drehzahl der Marktmaschine noch einmal wild zu erhöhen, bis sie ihren Adepten schließlich um die Ohren flog. Es ist somit auch eine Geschichte von Menschen, die nicht wussten, was sie taten.

Die breite Verteilung von Risiken innerhalb des Finanzsystems durch den Verkauf von Produkten wie den CDS galt immer im Grundsatz als vorteilhaft. Das lässt sich auch theoretisch zeigen. In einem Boom, in dem die animalischen Triebe („animal spirits") anstelle rationaler Überlegung treten, gilt das nicht unbedingt. Mehrere Ursachen machten aus den eigentlich zur Schaffung von Sicherheit entworfenen CDS „finanzielle Massenvernichtungswaffen" (Warren Buffett):

1. Die Finanzbranche verwendet seit Jahren mathematische Modelle zur Berechnung von Ausfallrisiken von Krediten oder Wertpapieren, die aus Krediten bestehen. Die Experten von J.P. Morgan kamen früh zu dem Ergebnis, dass die Modelle in Grenzen anwendbar waren für Kredite von Unternehmen, aber nicht für Immobilienkredite, weil der Markt intransparent war und man keine Erfahrungen aus der Nachkriegszeit mit einer landesweiten Immobilienkrise besaß. Viele Konkurrenten setzten sich über diese Bedenken hinweg und etablierten einen Markt für amerikanische Hypothekenkredite, die in Wertpapiere gebündelt und für

viel Geld an Investoren verkauft wurden. Als die Leute von J.P. Morgan wenige Jahre vor der Krise einen Blick auf diesen Markt warfen, kamen sie zu dem Schluss, dass die Risiken dieser Geschäfte grob unterschätzt wurden.

2. Die Verteilung von Risiken auf viele Schultern durch CDS setzte einen Anreiz, das Gesamtrisiko des Finanzsystems zu erhöhen. Völlig grotesk wurde die Situation im Jahr vor dem Krisenausbruch. Obgleich sich der Markt für minderwertige Hypotheken („Subprime") längst im Abschwung befand, erhöhte sich dort das Kreditvolumen aus dem einzigen Grunde, weil das Finanzsystem nach zusätzlichen Krediten verlangte, die, in Wertpapiere gebündelt und mit CDS abgesichert, ertragreich weiterverkauft werden konnten. Arme, die einen Hypothekenkredit für ein Haus aufnehmen wollten, fand man immer, und dass die Fed längst ihre Leitzinsen deutlich erhöht hatte, interessierte auch niemanden.

3. Ebenfalls nicht zur Kenntnis genommen wurde eine erschreckende Bündelung von CDS-Risiken in den Beständen einzelner Häuser, zum Beispiel der als Kreditversicherer tätigen amerikanischen „Monoliner". Es hat wenig Sinn, an einen Kreditversicherer Prämien für den Fall einer schweren Krise zu zahlen, wenn der Versicherer so viele Risiken gebündelt hat, dass er in einer eventuellen Krise unter ihnen zusammenbrechen würde. All dies war bekannt, aber dennoch wurden weiter Geschäfte mit „Monolinern" gemacht.

4. Mit CDS konnte man nicht nur Geschäfte absichern, sondern auch Spekulation betreiben auf Preisveränderungen als Folge veränderter Einschätzung der Bonität des versicherten Wertpapiers. Dadurch wurde der Markt so unübersichtlich, dass ihn kaum jemand mehr übersah.

5. Hinzu kam, dass nicht wenige Marktteilnehmer keineswegs richtig verstanden, was sie eigentlich taten, und sich der in ihren Bilanzen befindlichen Risiken erst bewusst wurden, als es zu spät war.

Die Finanzkrise lässt sich ohne genaue Kenntnisse der Vorgänge an den Märkten nicht verstehen. Tetts Insiderbericht bietet hierzu eine spannende Lektüre.

Gillian Tett: Fool's Gold. How unrestrained Greed corrupted a Dream, shattered Global Markets and unleashed a Catastrophe. London 2009 (Little, Brown Book Group).

Ökonomen sind keine Zauberer
Wenn sie die Zukunft besser vorhersagen könnten
als alle anderen, dann wären sie reich

Lisa Nienhaus

Es gibt einige böse Witze, die sich Ökonomen gerade über ihre Zunft erzählen. Einer lautet: Vorhersagen sind schwierig, besonders wenn sie die Zukunft betreffen. Ein anderer: Ein Ökonom ist ein Experte, der morgen sagen kann, wieso das, was er gestern vorhergesagt hat, heute nicht passiert ist. Es steckt ein bisschen Häme, aber auch viel Wahrheit darin. Denn wer in den vergangenen Monaten die Vorhersagen der professionellen Prognostiker angeschaut hat, der sieht vor allem eins: die Unfähigkeit, den Wirtschaftseinbruch auch nur näherungsweise in seiner Dimension korrekt einzuschätzen, bevor er da war.

Die meisten Forschungsinstitute in Deutschland sind noch 2008 davon ausgegangen, dass 2009 ein Jahr moderaten Wachstums werden würde. 1,5 bis 1,8 Prozent lauteten die Prognosen. Während des Jahres 2009 haben sie radikal umgeschwenkt. Minus 2 Prozent erwarteten viele nun, manche gar bis minus 5 Prozent. Die Abweichungen sind groß, der Blick in die Zukunft scheint unsicherer denn je. Die Prognostiker sind sich ebenso uneins wie die Unternehmen, die – eins nach dem anderen – gar nicht mehr wagen, Ausblicke zu geben.

Doch es sind nicht nur die offensichtlichen Fehleinschätzungen der Ökonomen in dieser Krise, die den Glauben an die Aussagekraft von Wirtschaftsprognosen erschüttert haben. Schon 1933 fragte sich Alfred Cowles, einer der Begründer der modernen ökonomischen Statistik, in einem Aufsatz „Können Aktienmarkt-Prognostiker prognostizieren?". Seine Antwort: „Es ist fraglich." Cowles selbst hatte es aufgegeben, seine eigenen Vorhersagen zu verkaufen, nachdem er daran gescheitert war, den großen Crash von 1929 vorherzusehen. Und dieses Versagen betrifft nicht nur Krisen. Auch in ganz gewöhnlichen Jahren liegen die professionellen Prognostiker häufig gehörig daneben.

Die amerikanische Professorin Deirdre McCloskey findet das nicht verwunderlich. Sie rät den Wirtschaftswissenschaftlern, sich zu mäßigen und Prognosen nicht als ihr Kerngeschäft zu verkaufen. Denn Ökonomen sind Wissenschaftler, keine Zauberer. Und: „Menschliche Ereignisse vorherzusagen war schon immer Magie." Es sei oberflächlich zu denken, dass einträgliche Vorhersagen über menschliches Handeln einfach zu erlangen seien, sagt sie. „Die Ökonomie selbst weiß, dass Prognosen – wie andere begehrenswerte Dinge – rar sind."

Es ist klar: Vorhersagen, die mehr sind als Allerweltsweisheiten, sind schwierig zu erlangen. Die Prognose, dass morgen die Sonne aufgeht, ist zwar richtig, bringt aber keine Erkenntnis, die irgendjemanden weiterbringt. Ganz anders, wenn man sicher vor allen anderen wüsste, wann genau die

Zentralbank die Zinsen das nächste Mal senkt. Um das herauszufinden, stellen Banken und andere Unternehmen eigens Ökonomen ein, die die Geldpolitik beobachten und vorherzusagen versuchen. Denn solche Kenntnisse könnten den Wissenden reich machen. Schade nur, dass sich ein solches Wissen nicht mit einem Ökonomiestudium erlangen lässt. Selbst Ökonomieprofessor zu sein ist nicht ausreichend. Denn, so fragt McCloskey, wenn Wirtschaftsprofessoren wirklich so viel besser als andere darin sind, die Wirtschaft vorherzusehen, wieso sind sie dann so selten reich? Wenn der Rohstoff-Ökonom so genau weiß, dass der Preis für Mais im kommenden Jahr rasant ansteigt, wieso kauft er nicht Mais und wettet auf den Preis? Wieso ist er damit nicht längst Millionär geworden? Die Antwort ist einfach: Weil er es eben nicht so genau weiß, zumindest nicht viel besser als die anderen.

McCloskey stellt die provokative Frage: „Wenn du so schlau bist, wieso bist du nicht reich?" Und man soll ihre Antwort nicht falsch verstehen. Sie will natürlich nicht sagen, dass ökonomische Vorhersagen Unsinn sind oder nutzlos. Sie will lediglich klarmachen, dass es sich bei ihnen keinesfalls um Magie handelt, sondern um eine Mechanik, wie sie viele verwenden. Wer Prognostikern zuhört, kann interessante Einsichten erlangen, doch er erhält Wissen, das auch andere haben und das keinesfalls magisch oder exklusiv ist – und schon gar nicht reich macht.

Trotz allem wird der Ökonom in der Öffentlichkeit oft als eine Art Prophet der ökonomischen Zukunft wahrgenommen. Das hat eine lange Tradition, erzählt McCloskey: „Um 1600 galt in England den gewöhnlichen Leuten niemand als Gelehrter, der keine Horoskope erstellen konnte, keine Teufel austreiben konnte oder einiges Geschick hatte, die Zukunft vorherzusehen." Für den Ökonomen gelte das heute noch. Die Presse und die Öffentlichkeit behandelten ihn wie einen Wahrsager („wenn auch wie einen fragwürdigen").

Der Wunsch der Öffentlichkeit nach Prognosen ist leicht zu erklären: Angst vor der Zukunft. Und da diese Angst häufig gerade die ökonomische Zukunft betrifft, ist hier der Bedarf nach Vorhersagen besonders groß. „Dass ansonsten hartgesottene Politiker und Geschäftsleute Ökonomen anstellen, soll auf magische Art und Weise Unheil abwenden", sagt McCloskey, nämlich indem das Unheil rechtzeitig vorhergesehen wird und man darauf reagieren kann. Und der Ökonom selbst – statt lächelnd abzuwinken – komme dem Wunsch manchmal entgegen, „benebelt von dem Versprechen von Prognose und Kontrolle".

McCloskey hält es für falsch, wenn Ökonomen diesen Wünschen zu stark nachgeben und „unglaublich detaillierte Szenarien in die Mikrophone der Fernsehreporter sprechen". Sie will die Ökonomen auffordern, sich zu mäßigen und bescheidener aufzutreten. „Ein Experte wie der Ökonom ist ein Experte für die Vergangenheit – und für die Zukunft, wie man sie kennen kann ohne hellseherische Fähigkeiten." Allzu detaillierte Vorhersagerei lehnt sie ab.

McCloskey geht es aber nicht nur um die eigene Zunft, sondern genauso um die Öffentlichkeit, um Unternehmen, Politiker, Journalisten. Sie beklagt, dass deren Hassliebe zu den Prognostikern so weit gehe, dass sie glaubten, die Wissenschaft der Ökonomie ziele vor allem auf möglichst detaillierte Vorhersagen ab. Welch ein Irrtum!

Deirdre McCloskey: „If You're So Smart. The Narrative of Economic Expertise". The University of Chicago Press, 1990.

Gewinnstreben ist gesund, Gier nicht

Schon Adam Smith warnte davor, lasterhafte Verhaltensweisen als Tugend zu verklären

Benedikt Fehr

Die Finanzkrise hat die Banken und Bankmanager in die Kritik gebracht. Weitgehend Einigkeit besteht darüber, dass die internen Anreizsysteme vieler Banken die Mitarbeiter auf die Erzielung kurzfristiger Gewinne orientiert haben – und dass dies bisweilen dazu verleitet hat, übermäßige Risiken einzugehen. Aber müssen sich Bankmanager den Vorwurf gefallen lassen, gierig gewesen zu sein?

Bankenpräsident Klaus-Peter Müller hat sich dagegen entschieden verwahrt. Demgegenüber haben einige Kommentatoren gleich eine Art Offensiv-Position vertreten: „Die Gier hat uns den Wohlstand beschert", hieß es dann. Oder: „Die Gier ist nicht schlecht. Wer die Gier verurteilt, verurteilt den Kapitalismus." Und weiter: „Wie schon Adam Smith sagte: Wenn es um mein täglich Brot geht, verlasse ich mich nicht auf die Menschenliebe des Bäckers, sondern auf seine Gewinnsucht."

Was aber hat Adam Smith wirklich geschrieben? Der berühmte Satz lautet: „Wir erwarten unser Abendessen nicht von dem Wohlwollen des Metzgers, Bierbrauers oder Bäckers, sondern von der Rücksichtnahme auf ihr eigenes Interesse." („It is not from the benevolence of the butcher, the brewer, or the baker, that we expect our dinner, but from their regard to their own interest.")

Die Wahrung des „eigenen Interesses" als „Gewinnsucht" zu übersetzen ist schlichtweg falsch, aber hat durchaus seinen Zweck: Denn „Sucht" ist krankhaft; die Gewinnsucht steht damit der Gier nahe. Mit dem verfälschten Zitat soll somit suggeriert werden, dass schon Adam Smith, der Vordenker der Marktwirtschaft, der Gier das Wort geredet habe. Das tut nicht nur Adam Smith unrecht, sondern befördert Missverständnisse darüber, wie Marktwirtschaft funktioniert, und über die Verantwortung mancher Bankmanager für die Krise mit ihren Folgen für die Allgemeinheit.

Die Debatte über die Gier als angeblicher Motor der Wirtschaft ist nicht neu. In seinem 1724 veröffentlichten Spottgedicht „Die Bienenfabel oder Private Laster, öffentliche Vorteile" argumentierte der britische Arzt und Gesellschaftskritiker Bernard Mandeville, dass es letztlich nur selbstsüchtige Laster wie Gier und Verschwendungssucht seien, die für Nachfrage sorgten und damit den allgemeinen Wohlstand beförderten. Adam Smith hat Mandevilles Darstellung in seiner „Theory of Moral Sentiments" (1759) als „größtenteils irrtümlich" und „gefährlich" zurückgewiesen. Denn Mandeville verwische die Unterscheidung zwischen Laster und Tugend durch Wortverdreherei („sophistry"), indem er praktisch jedes Bedürfnis auf Eitelkeit und ähnliche Laster zurückführe.

Wortverdreherei ist es auch, Gewinnstreben mit Gier oder Gewinnsucht gleichzusetzen. Klarheit verschafft der altgriechische Philosoph Aristoteles. Tugend ist bei ihm die vernünftige Mitte zwischen zwei Lastern. Tapferkeit ist die rechte Mitte zwischen Tollkühnheit und Feigheit, die Freigiebigkeit zwischen Geiz und Verschwendungssucht. Entsprechend sind Gier und Gewinnsucht Laster beziehungsweise krankhaft, hingegen ist es vernünftig, im Umgang mit den Mitmenschen das eigene Interesse zu wahren. Aus der Lehre des Aristoteles folgt auch: Es gibt keine feste Regel dafür, welches Verhalten in einer konkreten Situation die „rechte Mitte" ist. Ethisches Verhalten besteht eben nicht im sturen Befolgen vorgegebener Regeln, sondern erfordert Abwägen der konkreten Umstände, den Gebrauch der Vernunft, es ist Ergebnis intellektueller Arbeit. Daran hat es bei vielen Bankmanagern offenbar gefehlt – auch deshalb, weil die ethische Bildung oft zu kurz kommt, gerade auch an den Elite-Business-Schools.

Bisweilen wird der Vorwurf der Gier daran festgemacht, dass sich die Bankmanager mit amerikanischen Schrotthypotheken verspekuliert hätten. Auch hier gilt es zu differenzieren. Tatsache ist: Jeder Unternehmer, jede Bank, auch jeder Kleinanleger geht Risiken ein. Denn Investitionen sind in die Zukunft gerichtet, die aber ist ungewiss. Deshalb birgt jedes Investieren das Risiko des Fehlschlags. Es kann also nicht darum gehen, jede Investition, die sich als Fehlspekulation entpuppt, zu verteufeln, oder jeden Sparer, der nach einer etwas besseren Verzinsung sucht, der Gier zu bezichtigen. Das wäre ähnlich platt wie die Argumentation von Mandeville. Ohnehin ist es in einer freien Gesellschaft nicht verboten, gierig zu sein. Wem sein Ansehen bei Geschäftspartnern und Mitmenschen egal ist oder sein Seelenheil, mag sich so verhalten.

Die Grenzen der Toleranz sind aber klar überschritten, wenn Manager Vorsichtsregeln zum Schutz der Allgemeinheit bewusst umgehen, um sich selbst in die eigene Tasche zu wirtschaften: Eigentlich schreibt die Aufsicht den Banken vor, für jeden Kredit ein Mindestmaß an Eigenkapital als Risikopuffer vorzuhalten. Das dient dem Schutz der Allgemeinheit, weil der Konkurs einer Bank leicht eine verheerende Kettenreaktion auslösen kann. Trotzdem haben einige Banken – aber durchaus nicht alle! – diese Vorsichtsregeln gezielt umgangen und Geschäfte in außerbilanzielle Zweckgesellschaften ausgelagert. So konnten sie ihr Geschäft ohne zusätzliches Eigenkapital ausweiten; die Gewinne daraus erhöhten die Eigenkapitalrendite – und damit auch die Boni der Bankmanager. Die Milliardenverluste aus vielen dieser Geschäfte muss nun der Steuerzahler schultern.

Gier der Bankmanager ist keineswegs die einzige Ursache für die Finanzkrise. Das spiegelt sich in den Dutzenden von Vorschlägen zur Reform des Finanzsystems. Aber bei der Ursachenanalyse sollte man die Rolle der Gier nicht von vorneherein ausblenden – und auch nicht verharmlosen, indem praktisch jedermann Gier oder Gewinnsucht angedichtet wird. Dem Ansehen der Marktwirtschaft schadet, wer unterstellt, die Marktwirtschaft beruhe in ihrem innersten Antrieb auf lasterhaftem oder krankhaftem Verhalten.

Bernard de Mandeville: Die Bienenfabel oder Private Laster – öffentliche Vorteile. Frankfurt 1980.

Adam Smith: The Theory of Moral Sentiments, London 1759; online unter: http://www.econlib.org/library/Smith/smMS.html.

Alles schon mal da gewesen

Das belegt das Protokoll einer geheimen Konferenz
der List-Gesellschaft aus dem Jahre 1931

Gerald Braunberger

Politiker, so sagt ein alter Spruch, nutzen Ökonomen wie ein Betrunkener eine Laterne: Sie suchen nicht Licht, sondern Halt. Im Jahre 1931 suchte die Berliner Politik scheinbar Rat im Rahmen einer Geheimtagung der Friedrich-List-Gesellschaft: Die Politiker wollten wissen, wie die führenden Ökonomen des Landes zur Idee einer Belebung der von einer Deflation und Depression geplagten Wirtschaft durch ein von dem Oberregierungsrat Wilhelm Lautenbach entwickeltes staatliches Konjunkturprogramm standen, das letztlich durch Geldschöpfung der Reichsbank finanziert werden sollte. Ähnlichkeiten mit der aktuellen Politik in den Vereinigten Staaten sind augenfällig, auch wenn damals über deutlich geringere Beträge gesprochen wurde.

Das Protokoll dieser Konferenz liest sich in der aktuellen Krise nicht nur wie ein historisches Dokument. Es wirkt beklemmend: Organisierte man heute eine vergleichbare Konferenz, würden im Kern die gleichen Argumente ausgetauscht – lediglich komplizierter ausgedrückt und durch einen Wust an Daten angereichert.

Damals wie heute befand sich nicht nur die Wirtschaft in der Krise, sondern auch die dominierende, liberal geprägte

Wirtschaftstheorie. Krisen verstand man vor den dreißiger Jahren als die notwendige und unausweichliche Korrektur vorangegangener Übertreibungen, die wiederum das Ergebnis einer zu lockeren Geldpolitik waren. Ein Staat konnte nach diesem Verständnis gar nicht sinnvoll die Krise lindern; im Gegenteil würde er alles nur noch schlimmer machen. Vielmehr würden die Selbstheilungskräfte des Marktes für eine Gesundung der Wirtschaft sorgen.

Die außerordentliche Wucht der Krise nach 1929 ließ allerdings erhebliche Zweifel an dieser Theorie aufkommen. Die Einbrüche von Produktion und Preisen und der Anstieg der Arbeitslosigkeit waren so gewaltig, dass nicht wenige Zeitgenossen das gesamte kapitalistische Wirtschaftssystem gefährdet sahen. Somit entstand der Gedanke, dass der Staat mit einer „Initialzündung" der Wirtschaft einen Impuls geben müsse, bis die Selbstheilungskräfte wieder wirken könnten.

Die orthodoxe Gegenposition zu dieser Ansicht, die wenige Jahre später von John Maynard Keynes popularisiert werden würde, kam auf der Konferenz aber nicht von einem Liberalen, sondern von einem Marxisten. Rudolf Hilferding, Verfasser des „Finanzkapitals", Vordenker der SPD und zweimal Reichsfinanzminister, wandte sich vehement gegen Lautenbachs Plan, weil er in der zusätzlichen Geldschöpfung den unausweichlichen Vorboten einer schädlichen Inflation sah. Im Stile eines Erzliberalen wie Friedrich von Hayek hielt Hilferding einen Selbstreinigungsprozess der Wirtschaft für unumgänglich; anders als ein Liberaler wandte er sich nicht grundsätzlich gegen kapitalmarktfinanzierte Arbeitsbeschaffungsprogramme, von denen er sich allerdings nicht viel versprach.

Sehr viel geschmeidiger argumentierten die jungen Liberalen Wilhelm Röpke und Walter Eucken, die den späteren deutschen Ordoliberalismus wesentlich prägen sollten. Vor allem Röpke hatte sich vor der Krise zu einer eindeutig liberalen Position bekannt, aber angesichts des wirtschaftlichen Elends und der politischen Radikalisierung in Deutschland war er schwankend geworden.

Aus Röpkes Zweifeln an der ewigen Gültigkeit ökonomischer Weisheiten entstand seine eigene, heute längst vergessene Konjunkturtheorie, deren Grundzüge er auf der List-Konferenz vortrug. Röpke unterschied zwischen zwei Arten einer Konjunkturkrise: Im Normalfall einer milden Krise war es angebracht, den Selbstheilungskräften des Marktes zu vertrauen. Allerdings konnte es in Sonderfällen schwere Einbrüche mit einer Abwärtsspirale aus Depression und Deflation geben, so dass ein Warten auf die Selbstheilungskräfte mit unakzeptablen ökonomischen und politischen Kosten verbunden wäre.

In einem solchen sehr seltenen Falle war eine staatliche „Initialzündung" nicht nur sinnvoll, sondern sogar notwendig. Röpke sah diese Situation im Jahre 1931 gekommen – übrigens ebenso wie Eucken, der auf der Konferenz von einer „außerordentlichen Unternehmermüdigkeit" sprach, die staatliche Investitionen etwa durch die Reichsbahn notwendig mache.

Wenn ein Ökonom jenseits der Schablone argumentiert, richtet er nicht selten Verwirrung bei Freund und Feind an. Das ging auch Röpke so: Seinen erzliberalen Freunden, die Staatseingriffe per Definition als Teufelswerk verstanden, galt er von nun an als unzuverlässige Größe. Andererseits freuten sich die Keynesianer zu früh, als sie Röpke in ihrem Lager wähnten. Röpke hielt von der keynesianischen Idee einer permanenten Konjunktursteuerung überhaupt nichts, weil er voraussah, dass höhere Inflation das Ergebnis sein würde. Bis zu seinem Lebensende vertrat Röpke die Überzeugung, dass die liberale Weltsicht grundsätzlich richtig ist, es aber Sondersituationen geben kann, in denen ein Staatseingriff zur Notwendigkeit wird.

Röpkes Konjunkturtheorie blieb unpopulär, weil der Gelehrte niemals schlüssig die entscheidende Frage beantworten konnte: Ab welchem Punkt wird eine Krise so tief, dass ein Vertrauen auf die Selbstheilungskräfte des Marktes keinen Sinn mehr hat? Röpke appellierte an die Erfahrung und das Fingerspitzengefühl des guten Ökonomen, aber das war keine Handlungsanleitung. Der Anwendung quantitativer Methoden stand er kritisch gegenüber: Ökonometriker waren für ihn Mechaniker, keine Ökonomen.

Lautenbachs Plan einer bescheidenen „Initialzündung" durch von der Reichsbank finanzierte Investitionen bei der Reichsbahn sowie im Wohnungs- und Straßenbau, flankiert durch Maßnahmen zur Flexibilisierung von Preisen und Löhnen, wurde von der Regierung Brüning nicht umgesetzt. Denn die Politik besaß damals überhaupt kein Interesse an einem solchen Projekt, sondern war dem wahnsinnigen Gedanken verfallen, eine Verschärfung der Krise zuzulassen, um auf diesem Wege die Abschaffung der Reparationen für den Ersten Weltkrieg zu erzwingen.

Der Initiator der List-Gesellschaft, der in Basel lehrende Ökonom Edgar Salin, unterstützte in einem ebenfalls unbegreiflichen Anfall politischer Blindheit stillschweigend die Position der Politik, auch wenn er dies auf der Konferenz nicht zu erkennen gab, sondern ökonomische Scheinargumente gegen Lautenbachs Plan anführte.

Die Konferenz war letztlich darauf angelegt, die Politiker Argumente hören zu lassen, die sie in ihrer Ablehnung des Lautenbach-Plans bestärken konnten. In Salin verfügte die Politik über einen ihnen geneigten Stichwortgeber, der Andersdenkende auf der Konferenz bei Bedarf einfach niederbürstete, auch wenn er nicht über die besseren Argumente verfügte. 16 Monate später wurde Adolf Hitler Reichskanzler.

Knut Borchardt/Hans Otto Schötz: Wirtschaftspolitik in der Krise. Baden-Baden 1991. Nomos-Verlag.

Die Zähmung der Investmentbanker
Moralische Appelle sind unnütz. Aber gut gemachte Regeln helfen, wenn sie Gewinn bringen

Benedikt Fehr

Ehedem galten Investmentbanker als die „Masters of the Universe": hochqualifizierte und deshalb hochbezahlte Leistungsträger der neuen globalen Wirtschaft. Mit der Finanzkrise hat sich das drastisch geändert: Inzwischen gilt die Zunft eher als Inbegriff kurzsichtiger Verantwortungslosigkeit, die mit ihrer hemmungslosen Raffgier die gesamte Wirtschaft in eine epochale Krise gestürzt hat. In einer Art Gegenbewegung wird nun vielfach gefordert, Unternehmer und Manager sollten sich wieder am Leitbild des „ehrbaren Kaufmanns" orientieren. Nicht zuletzt die CDU hat sich diese Forderung auf ihrem Parteitag im vergangenen Dezember auf die Fahnen geschrieben. Für eine „Ethik des Handelns" gelten demnach folgende Prinzipien: Nachhaltigkeit, Vernunft, Solidarität, Ehrlichkeit, Verantwortungsbereitschaft, Anstand.

Aber ist das Individuum mit dem Ansinnen, sich stets nachhaltig, vernünftig und ehrbar zu verhalten, nicht womöglich überfordert? Vikram Pandit, der Vorstandsvorsitzende der amerikanischen Großbank Citigroup, hat die verlustreichen Fehlentscheidungen seines Hauses einmal so entschuldigt: „Solange die Musik spielt, muss man eben mittanzen." Vielen Bankmanagern hat Pandit damit aus dem Herzen gesprochen. Denn eine Bank führt man nicht im luftleeren Raum zum Erfolg, vielmehr in einem vielschichtigen Spannungsverhältnis; es reicht von den Interessen der Kunden und Mitarbeiter über die hohen Renditen, die Aktionäre und Medien lautstark einfordern, bis hin zu den Schachzügen der Wettbewerber.

In einer Studie zur Finanzkrise weisen Andreas Suchanek, Professor für „Nachhaltigkeit und globale Ethik" an der Leipzig Graduate School of Management, und sein vor kurzem promovierter Mitarbeiter Nick Lin-Hi darauf hin, dass die Auswüchse, die dem Desaster vorausgingen, nur zum Teil auf das egoistische Motiv nach materieller Besserstellung zurückzuführen seien. Viele Akteure seien vielmehr vor allem von dem Wunsch geleitet gewesen, sich im Wettbewerb nicht schlechterzustellen. Schließlich riskiert ein Manager im Extremfall die eigene Entlassung, wenn er zwar nachhaltig wirtschaftet, die Ergebnisse aber gerade deshalb hinter denen der aggressiveren Mitbewerber zurückbleiben. „Es gehört unseres Erachtens auch zu den Aufgaben der Ethik, Verständnis für dieses sehr menschliche Verhalten zu entwickeln", schreiben die beiden Autoren, „nicht um es kritiklos zu akzeptieren, wohl aber um zu fragen, wie damit sowohl individuell als auch institutionell umzugehen ist".

Nach Einschätzung von Suchanek und Lin-Hi ist es aussichtslos, Motive wie das Streben nach Besserstellung oder Vorbeugung gegen Schlechterstellung durch moralische

Appelle zähmen zu wollen. Deshalb gelte es, diese Eigeninteressen einer „Selbstbildung aus Eigeninteresse" zu unterwerfen. Dazu aber müssen die Spielregeln für zulässiges Handeln so gestaltet sein, dass sie allgemein akzeptiert werden können – das heißt, die Handelnden müssen sie aus Eigeninteresse annehmen.

Eine erste Voraussetzung dafür ist laut Suchanek und Lin-Hi: Alle Akteure müssen davon überzeugt sein, dass die Regeln das Spiel, an dem alle mitspielen, verbessern – dass die Regeln also bessere Ergebnisse versprechen. In den Jahren vor der Krise ist dieses Vertrauen aber geschwunden. Denn die öffentliche Meinung und in der Folge auch die praktische Bankenaufsicht wurden immer stärker von der Überzeugung geprägt, dass staatliche Regulierung so weit wie möglich durch die Selbstregulierung freier Märkte ersetzt werden solle. Vor diesem intellektuellen Hintergrund, der nicht zuletzt der wissenschaftlichen Hauptströmung entsprach, wurden viele vom Staat gesetzte Regeln „nicht als eine Art Kapital begriffen, das grundsätzlich allen Beteiligten auf Dauer höhere Erträge ermöglicht, sondern als eine Beschränkung von außen, die nicht im Einklang mit den eigenen Interessen stand", schreiben Suchanek und Lin-Hi. Daraus lässt sich ableiten: Um künftigen Krisen vorzubeugen, muss sich als Grundüberzeugung wieder durchsetzen, dass zum Beispiel die Eigenkapitalvorschriften für Banken keine willkürliche Auflage sind, die es sportlich-clever zu umgehen gilt, sondern vielmehr erst das Vertrauen schaffen, welches Grundlage jeglichen Bankgeschäfts ist.

Wichtig für die Selbstbindung aus Eigeninteresse ist laut Suchanek und Lin-Hi zudem die Überzeugung der Akteure, dass sich auch die anderen an die Spielregeln halten. In der Vergangenheit war auch dies nicht gegeben. Denn um Banken mit lukrativen Arbeitsplätzen anzulocken, haben die staatlichen Aufseher mancher Finanzzentren die Regeln bewusst lax ausgelegt. Das hat eine Art „Aufweichungswettlauf" ausgelöst – der die Moral ganz allgemein untergraben hat. Um dies zu stoppen, so lässt sich schlussfolgern, müssen sich auch die Politiker einer Selbstbindung aus Eigeninteresse unterwerfen: Dazu könnte die Einsicht dienen, dass es den Gestaltungsspielraum der Politik auf Jahre hinaus stark einschränkt, wenn ein von den Politikern geduldeter „Standortwettbewerb über laxe Regeln" in eine desaströse Bankenkrise mündet, zu deren Eingrenzung der Staat riesige Schulden machen muss.

Selbstbindung aus Eigeninteresse kann letztlich auch nur dann erwachsen, wenn der Einzelne die Folgen seines Tuns abzuschätzen vermag. Im Vorlauf der Krise ist dieses Vermögen weitgehend verlorengegangen. Denn die Komplexität hat gleich auf mehreren Ebenen zugenommen, zum Beispiel aufgrund der rasch zunehmenden Vernetzung der globalen Wirtschaft oder weil Investmentbanken immer mehr, immer komplizierter strukturierte Wertpapiere auf den Markt gebracht haben.

Um diese Komplexität etwas durchschaubar zu machen, veröffentlichen die großen Notenbanken seit einiger Zeit regelmäßig Berichte zur Finanzstabilität. Das gilt es auszubauen. Überlegenswert scheint ferner, zumindest den großen Banken vorzuschreiben, einen ausgebildeten Risikomanager in den Vorstand aufzunehmen – wie dies in Versicherungen schon seit langem üblich ist. Suchanek und Lin-Hi wiederum regen an, „nach Mechanismen zu suchen, welche Akteure davon abhalten können, mit Produkten zu hantieren, welche sie selbst nicht verstehen". Dies sei letztlich auch eine Voraussetzung, um das Vertrauen der Allgemeinheit in die Banken wiederherzustellen. „Vertrauen braucht Vertrautheit, auch in dem Sinne, dass Vertrauensnehmer vertraut sein sollten mit den Aufgaben, mit denen sie betraut sind."

Nick Lin-Hi/Andreas Suchanek: Eine wirtschaftsethische Kommentierung der Finanzkrise. Forum Wirtschaftsethik, 17. Jg., Nr. 1/2009, Seite 20ff.

Der Jahrhundertökonom

Vor 125 Jahren wurde John Maynard Keynes geboren – der richtige Mann zur richtigen Zeit

Gerald Braunberger

Der im Jahre 1915 geborene Nobelpreisträger Paul Samuelson hat oft die Geschichte erzählt, wie er während der Weltwirtschaftskrise der dreißiger Jahre die Menschen verelenden und die Banken zusammenbrechen sah. Armut machte sich breit in den Industrieregionen des Mittleren Westens der Vereinigten Staaten, in denen der junge Samuelson aufwuchs.

Die Not der realen Welt schien jedoch überhaupt nicht mit jener Welt übereinzustimmen, die Samuelson an der ökonomischen Fakultät der Universität Chicago beigebracht wurde. Dort vermittelten ihm die Koryphäen des ökonomischen Liberalismus eine Theorie, in der sich jedes Angebot seine Nachfrage schafft und Märkte die institutionelle Grundlage für wirtschaftlichen Wohlstand legen. Was, so fragte sich damals nicht nur Samuelson, hatte diese heile Theoriewelt mit der Realität zu tun? Die Zeit war reif für eine neue Theorie.

Die wirkmächtigsten ökonomischen Theorien sind nicht im luftleeren Raum entstanden, sondern im Kontext ihrer Zeit. Als sich die absolutistischen Monarchien der frühen Neuzeit die Welt aufteilten und darüber einen

Krieg nach dem anderen führten, lieferte ihnen der Merkantilismus mit seiner Betonung abgeschotteter Märkte und der Goldansammlung durch Exportüberschüsse die ökonomische Blaupause. Der mit dem Merkantilismus verwandte Kameralismus lehrte die Fürsten, wie sie die Mittel für ihre exzessive Hofhaltung maximieren konnten.

Adam Smiths liberales, auf die segensreiche Wirkung freier Märkte abzielendes Werk war die notwendige Antwort auf die Schwächen des Merkantilismus, während seine Herausstellung der Arbeitsteilung das Modell für die sich spezialisierende Welt der Industrialisierung abgab. Den Marxismus kann man als eine radikale Antwort auf die mit einer raschen Industrialisierung einhergehende Verelendung vieler Menschen verstehen, während die anschließende Periode der ersten Globalisierung das liberale Prinzip des Freihandels wiedererweckte.

In der Weltwirtschaftskrise der dreißiger Jahre schien der Liberalismus gescheitert, und was die demokratischen Staaten mit ihren demoralisierten Bevölkerungen damals brauchten, war eine systemerhaltende Alternative, die revolutionäre Lösungen wie den Marxismus oder den Faschismus von der eigenen Haustür fernhielt. Diese Alternative bot John Maynard Keynes (1883 bis 1946) mit seiner „Allgemeinen Theorie". Das war die große und unvergängliche Leistung des Briten, die bleibt, auch wenn seine Theorie Schwächen enthielt und heute, jedenfalls in ihrer ursprünglichen Form, untergegangen ist. Keynes war der richtige Mann zur richtigen Zeit.

Seine über Jahrzehnte außerordentliche Popularität verdankt der Keynesianismus zweierlei: Einerseits den theoretischen Arbeiten von Ökonomen wie Samuelson, die ihn mit Prinzipien der herkömmlichen liberalen Lehre verbanden. Die Marktwirtschaft wurde nicht aufgegeben, aber staatliche Konjunkturpolitik als Korrektiv eingeführt, wenn die Wirtschaft abzuschmieren drohte. Zweitens wurde er von Ökonomen wie John Hicks (auch er ein Nobelpreisträger) derart vereinfacht dargestellt, dass Generationen auch mittelmäßig begabter Studenten zumindest den Eindruck besaßen, sie hätten die Heilslehre verstanden. Hicks' berühmtes IS-LM-Konzept wurde zum Lehrbuchschlager. Eine Volkswirtschaft bestand nurmehr aus ein paar gesamtwirtschaftlichen Aggregaten wie dem Konsum, den Investitionen, dem Staatsbeitrag und dem Außenhandel; und mittels der Analyse weniger Kurven in simplen Diagrammen schien es möglich, für eine vom Kurs abgekommene Wirtschaft den seligmachenden Mix aus (vor allem) Finanz- und (seltener) Geldpolitik definieren zu können. Zumindest aus didaktischer Sicht war das genial. Und es funktionierte auch für einige Zeit ganz passabel. Erst die Arbeiten selbsternannter Nachfolger machten Keynes zum einflussreichsten Ökonomen des 20. Jahrhunderts.

Heute ist das alles nur noch Geschichte. Die Keynesianer hatten mehr als nur ein paar Kleinigkeiten übersehen oder unterschätzt. So hatten sie den Staat zu positiv beurteilt: Anstatt sich, wie in der Theorie, nur in der Rezession zu verschulden, um im Boom mit Steuerüberschüssen die Staatsschuld wieder abzubauen, flüchteten sich die Regierungen in eine permanente Schuldenwirtschaft, die nicht zuletzt der Finanzierung überdimensionierter Sozialsysteme diente. So hatte sich das Keynes nicht vorgestellt.

Keine vernünftige Antwort besaßen die Keynesianer ferner auf das Phänomen der Inflation, das in den sechziger Jahren wiederkehrte. Prompt erlebte der Monetarismus, der die Inflation und ihre Bekämpfung durch Geldpolitik zum Thema machte, einen Aufstieg. Das Problem der Inflation hatte Keynes selbst übrigens in seinen letzten Lebensjahren vorhergesehen. Den Garaus machte dem alten Keynesianismus schließlich die Globalisierung: Nationale Finanzpolitik zur Belebung der Konjunktur mag vielleicht in einer isolierten Welt funktionieren; in einer globalisierten Welt versickert ihre Wirkung.

Die Reaktion der Theoretiker war, das Denken in gesamtwirtschaftlichen Aggregaten ganz aufzugeben; stattdessen bevölkerten rationale Individuen, die sich in perfekt funktionierenden Märkten ohne Staat bewegten, die Modelle. Auch dafür gab es Nobelpreise, aber sehr realistisch war das nicht.

Heute herrschen wieder Modelle in der Theorie vor, die man keynesianisch nennt, die aber mit dem alten Samuelson-Hicks-Keynesianismus nichts mehr zu tun haben: Die gesamtwirtschaftlichen Aggregate bleiben tot und es sind immer noch rationale Individuen, die durch die Modelle taumeln. Aber nun studiert man ihr Verhalten in Märkten, die, wie es in der Realität häufig der Fall ist, nicht immer perfekt funktionieren. Wer die Verkürzung „Die Chiffre Keynes steht in der ökonomischen Theorie für unvollkommene Märkte" akzeptiert, darf konstatieren, dass Keynes keineswegs tot ist.

Darüber sollte sich niemand wundern. Keynes war der Ökonom des „Dritten Weges" aus Markt und Staat, und solange die real existierenden Volkswirtschaften allesamt verschiedene Variationen eines „Dritten Weges" sind, wird der Name Keynes nicht untergehen, auch wenn er selbst kaum mehr gelesen wird und seine Lehren alles andere als vollkommen waren. Seinen Platz im Pantheon der größten Ökonomen kann ihm niemand nehmen.

John Maynard Keynes: The General Theory of Employment, Interest, and Money (1936).

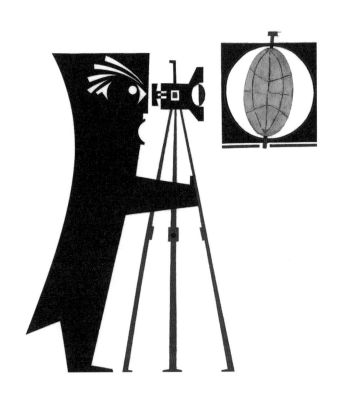

DIE WELT IST VERRÜCKT

Traurigkeit kann teuer werden

Gefühle bestimmen unser Kaufverhalten.
Bei Frust gehen wir shoppen, bei Ekel lieber nicht

Hanno Beck

Die wohl teuerste Art, einkaufen zu gehen, sind Frustkäufe: Man hat sich geärgert, ist deprimiert oder niedergeschlagen – also schnappt man sich seine Kreditkarte (oder noch besser: die Kreditkarte der oder des Lebenspartners) und geht mal so richtig einkaufen. Aber auch das Gegenteil kann teuer werden: Im Hochgefühl, etwas geleistet zu haben, Glück gehabt zu haben oder etwas Unangenehmes hinter sich gebracht zu haben, leistet man sich gerne einmal die etwas schickere Jeans oder den völlig übertaueren Anzug. Für einen orthodoxen Ökonomen ist dieses Einkaufsverhalten problematisch. Denn es zeigt, dass unser Gemütszustand großen Einfluss auf unser Kauf- und Entscheidungsverhalten hat. Dabei beruhen doch traditionelle Modelle darauf, dass die Präferenzen des Menschen wohldefiniert und unverrückbar sind.

Die eigentliche Frage ist jedoch: Wie ist denn der Einfluss der Gefühle auf unser Kaufverhalten? Kaufen wir wirklich signifikant mehr, wenn wir unglücklich sind? Und in welcher Gefühlslage sind wir bereit, uns von Dingen zu trennen? Neben der klassischen Variante, so ein Verhalten zu testen – der Selbstbeobachtung –, kann man auch den wissenschaftlichen Weg wählen und ins Labor gehen. Letzteres haben Jennifer Lerner, Deborah Small und George Loewenstein getan. Dazu bedienten sich die Ökonomen eines einfachen Versuchsaufbaus: Zuerst ließen sie ihre Versuchspersonen Ausschnitte aus Filmen sehen. Die eine Gruppe sah eine herzzerreißende, traurige Szene aus dem Film „The Champ", in der ein kleiner Junge seinen Lehrer und Mentor verliert. Eine zweite Gruppe sah eine äußerst unappetitliche und unhygienische Szene aus dem Film „Trainspotting", die Ekel auslöste. Und die dritte Gruppe sah sich einen Ausschnitt aus einer Dokumentation über das Great Barrier Reef an, der möglichst keine starken Gefühle auslösen sollte – das war die Kontroll- und Vergleichsgruppe. Um sicherzustellen, dass die betreffenden Filme auch wirklich die gewünschten Gefühle auslösen und um diese Gefühle in den Versuchspersonen zu verankern, mussten diese im Anschluss an den Filmgenuss aufschreiben, wie sie sich fühlten.

Danach ging das Experiment in Stufe zwei: Einem Teil der Teilnehmer hatte man vor dem Betrachten der Filme ein Set mit Stiften geschenkt – jetzt befragte man sie, zu welchen Preisen sie bereit seien, die Stifte zu verkaufen. Das Ergebnis: Diejenigen Versuchspersonen, welche die ekelhafte Szene aus „Trainspotting" gesehen hatten, waren bereit, zu deutlich geringeren Preisen zu verkaufen als diejenigen, die statt der Ekelszene die neutrale Dokumentation gesehen hatten. Will heißen: Gefühle wie Ekel führen dazu, dass unsere Bereitschaft, etwas zu verkaufen, steigt. Doch das ist nicht alles: Einem anderen Teil der Versuchspersonen hatte man keine Stifte geschenkt, bot ihnen jetzt aber die Möglichkeit, diese Stifte zu kaufen – welchen Preis wären sie wohl bereit, dafür zu bezahlen? Die Antwort verstärkt die Ekelhypothese: Wer die Dokumentation gesehen hatte, war durch die Bank weg bereit, einen höheren Preis für die Stifte zu zahlen als jemand, der die Ekelszene gesehen hatte. Mit anderen Worten: Ekel führt nicht nur dazu, dass wir leichter bereit sind, etwas zu verkaufen, er führt auch dazu, dass unsere Bereitschaft, etwas zu kaufen, sinkt. Wer also seinen Lebenspartner mit der Kreditkarte aufbrechen sieht, sollte ihm oder ihr vielleicht noch rasch eine ekelhafte Filmszene ins Gedächtnis rufen – eine familienbudgettechnische Verzweiflungstat erster Güteklasse.

Doch Ekel ist nicht das einzige Gefühl, das unser Kaufverhalten bestimmt: Was war denn mit den Personen, die den traurigen Film gesehen hatten? Hier zeigt sich ein anderes Verhaltensmuster: Diejenigen, die den traurigen Film gesehen hatten und ein Stifteset besaßen, waren bereit, dieses zu deutlich niedrigeren Preisen zu verkaufen als diejenigen, die den neutralen Film, die Dokumentation, gesehen hatten. Traurigkeit führt also ähnlich wie Ekel dazu, dass wir leichter bereit sind, etwas zu verkaufen.

Bei den Versuchspersonen, denen man nach Ansehen des traurigen Films das Angebot machte, ein Stifteset zu kaufen, stellte sich allerdings ein gegensätzlicher Effekt ein: Sie waren bereit, die Stifte zu höheren Preisen zu kaufen als Probanden, die den neutralen Film gesehen hatten und die

Möglichkeit hatten, Stifte zu kaufen. Offenbar löst Traurigkeit also einen asymmetrischen Effekt aus: Sie erhöht die Bereitschaft, etwas zu verkaufen, gleichzeitig steigert sie die Bereitschaft, etwas zu kaufen.

Eine mögliche Erklärung für diesen Befund ist, dass traurige Menschen nach Veränderung streben. Die Traurigkeit führt dazu, dass sie etwas in ihrem Leben ändern wollen. Das würde dann als Besitzer der Stifte dafür sprechen, dass man diese leichteren Herzens verkauft, um etwas zu ändern; als potentieller Käufer der Stifte hingegen ist man bereit, mehr zu zahlen, weil der Kauf der Stifte eine Veränderung darstellt – das wäre der klassische Frustkauf. Mit Blick auf unsere Finanzen gibt es also noch einen Grund mehr, gut gelaunt durchs Leben zu gehen: Das macht uns weniger anfällig für große Ausgaben.

Jennifer Lerner, Deborah Small und George Loewenstein: Heart Strings and Purse Strings. Carry-over Effects of Emotions on Economic Decisions, in: Psychological Science, Volume 15, No. 5 (May 2004), pp. 337–341.

Auf der Suche nach Dummköpfen

Die Ökonomie des Bietfiebers oder warum manche Leute bei Ebay dauernd zu viel zahlen

Claus Tigges

Auktionen sind nicht etwa eine Erfindung aus dem Computerzeitalter, es gibt sie schon seit Hunderten von Jahren: Im Alten Rom, so haben es Cato und Plutarch aufgezeichnet, wurden neben der Ernte und Werkzeugen auch Kriegsgefangene versteigert. Mitunter vergaben die Römer durch Versteigerungen sogar das Recht, Steuern einzutreiben. Heutzutage sind Auktionen ein gängiges Verfahren, um verschiedenste Güter und Rechte zu verkaufen: Staatsanleihen, Autos oder auch Mobilfunklizenzen wechseln so den Eigentümer. Populär sind Auktionen vor allem deshalb, weil sie dem Verkäufer den größtmöglichen Gewinn einbringen und zugleich jener Käufer den Zuschlag erhält, für den das ersteigerte Gut den größten Wert hat.

Eine weitere Erklärung für die Beliebtheit von Versteigerungen haben nun Young Han Lee von Highview Global Capital Management und Ulrike Malmendier von der Universität Berkeley in Kalifornien geliefert: die Wahrscheinlichkeit, dass die Bieter in ein „Fieber" verfallen und sogar mehr bieten, als zum Erwerb der Ware eigentlich nötig wäre – zum Nutzen des Verkäufers.

Schon die Römer, so schreiben Malmendier und Young, hätten den Eindruck bekommen, dass Bieter während des Steigerns mitunter von einer Hitze (calor licitantis) erfasst würden, und darüber diskutiert, die Auktion in einem solchen Fall für nichtig zu erklären. Die experimentelle Wirtschaftsforschung hat dies Phänomen mit Probanden im Labor untersucht und eine besondere Risikoscheu und einen ungewöhnlichen Nutzen des Bieters aus dem Gewinn der Auktion als Erklärung angeboten: Wenn die Furcht vor der Niederlage größer sei als die Freude über den Gewinn, könnten Auktionsteilnehmer das Bietfieber bekommen und mehr zahlen als erforderlich.

Außerhalb eines Wirtschaftslabors ist ein solches Verhalten nur schwer zu beobachten. Genau das aber ist den beiden Ökonomen gelungen: Sie haben zu diesem Zweck bestimmte Auktionen auf dem Internetportal Ebay analysiert. Es handelt sich dabei um sogenannte Zweitpreis-Auktionen, bei denen auch die Möglichkeit besteht, die Ware zu einem bestimmten Preis sofort zu kaufen. In einer Zweitpreis-Auktion erhält zwar der Bieter mit dem höchsten Gebot den Zuschlag, er muss aber nur den Betrag des zweithöchsten Gebotes und einen verhältnismäßig geringen Aufschlag darauf zahlen. Auf diese Weise soll sichergestellt werden, dass die Bieter dem Auktionator ihre wahre Zahlungsbereitschaft offenbaren. Der Anreiz, einen weit überhöhten Preis zu bieten, ist gering, weil man Gefahr läuft, dass auch das zweithöchste Gebot über der eigenen Zahlungsbereitschaft liegt und man letztlich mehr zahlt, als die Ware einem wert ist.

Malmendier und Young haben eine Reihe von Ebay-Auktionen des Brettspiels „Cashflow 101" untersucht, das den Spielern Kenntnisse in Finanzfragen und der Rechnungslegung verschaffen soll. Während der Versteigerungen war die gesamte Zeit über auf derselben Internetseite von Ebay das Angebot von zwei Händlern zu sehen, die das Spiel zum Preis von 129,95 US-Dollar zum sofortigen Kauf anboten. „Der Fixpreis sollte eine Obergrenze für die Zahlungsbereitschaft der Bieter darstellen", beschreiben die Ökonomen die Vermutung, die die klassische Theorie nahelegt. Doch die Daten widersprechen der These: In 42 Prozent der Fälle endete die Auktion bei einem Preis, der oberhalb des Fixpreises lag. Berücksichtigt man noch die unterschiedlichen Versandkosten, lag der Preis sogar bei fast drei Viertel der Versteigerungen über dem Preis, der für den sofortigen Kauf verlangt wurde. In mehr als einem Viertel der Fälle lag das siegreiche Gebot dabei mehr als 10 US-Dollar über dem Festpreis, in 16 Prozent mehr als 20 US-Dollar und in 6 Prozent sogar mehr als 30 US-Dollar. „Die Ergebnisse bedeuten nicht, dass die meisten Dinge auf Ebay zu teuer verkauft werden", erläutern die Wissenschaftler. Vielmehr sei es so, dass die Auktionen die Waren in den Besitz jener brächten, die bereit sind, dafür mehr zu zahlen als den Festpreis.

Wie die Analyse darüber hinaus ergeben hat, tritt bei den Überbietern kein Lerneffekt ein. „Das kommt nicht nur bei Auktionsneulingen vor, die sich vielleicht mit Ebay und dem möglichen Sofortkauf nicht so gut auskennen." Fast 90

Prozent der überhöhten Gebote sei ein Gebot vorausgegangen, das unterhalb des Festpreises gelegen habe. Das spreche dafür, dass der Bieter zunächst die Möglichkeit des Sofortkaufs beachtet habe, dies aber vergessen habe, als er von Ebay darüber unterrichtet worden sei, dass jemand anderes ein höheres Gebot gemacht habe. Dabei sei womöglich das Design der Ebay-Auktion mit der E-Mail-Nachricht „Sie wurden überboten" wichtig, weil dadurch das Bietfieber angeheizt werde. Als weitere Erkenntnis nennen Malmendier und Young die Tatsache, dass zwar bei einer Reihe von Auktionen zu hohe Gebote abgegeben werden, dass dies aber nur durch eine verhältnismäßig geringe Zahl von Teilnehmern geschieht. „Nur 17 Prozent aller Auktionsteilnehmer bieten jemals zu hoch." Diese kleine Schar, die mit ihrem Bietverhalten aus der Reihe falle, habe darum einen verhältnismäßig großen Einfluss auf die Auktionsergebnisse.

Die Ergebnisse haben durchaus praktische Relevanz: Sie können Unternehmen und anderen Verkäufern dabei behilflich sein, ihre Waren zum höchstmöglichen Preis loszuwerden. Oder, wie Malmendier und Young es formulieren: „Auktionen sind ein Werkzeug zur Suche nach Dummköpfen."

Young Han Lee und Ulrike Malmendier: The Bidder's Curse, im Internet unter http://www.econ.berkeley.edu/~ulrike/research.html.

Der Terror der Knappheit

Warum wir immer wieder Dinge kaufen, die wir eigentlich gar nicht kaufen wollten

Hanno Beck

Eine typische Situation: Man steht im Geschäft, betrachtet ein teures Gerät und spielt mit dem Gedanken, es zu kaufen. Aber ist es nicht ein wenig teuer, braucht man es wirklich? In diesem Moment eilt ein Verkäufer herbei, der unser Interesse an dem Gerät bemerkt hat, und eröffnet uns eine Enttäuschung: Das Gerät, das wir im Regal bewundern, ist das letzte seiner Art, alle anderen sind bereits vergriffen. Noch schlimmer: Auch dieses letzte Exemplar hat er bereits für einen Kunden reserviert. Eigentlich ist das doch nicht schlimm. Schließlich waren wir uns ohnehin nicht sicher, ob wir das Gerät kaufen sollten. Also sollte diese Nachricht unser Verhalten nicht ändern. Oder doch?

Möglicherweise doch, und der Grund dafür ist der gleiche Grund, aus dem es überhaupt Ökonomen gibt: Es geht um Knappheit. Knappheit regiert die Welt, und Ökonomie, so lernt schon jeder Erstsemesterstudent, ist die Lehre von der Überwindung der Knappheit. So selbstverständlich ist Knappheit für die Ökonomen, dass sie nur selten darüber nachdenken, warum Menschen so auf Knappheit getrimmt sind und was Knappheit mit uns anstellt – beispielsweise vor dem Regal mit dem letzten Gerät, das schon einem Kunden versprochen ist. Auf einmal dreht sich die Diskussion mit dem Verkäufer nicht mehr darum, ob man das Gerät überhaupt kaufen möchte, sondern darum, ob es denn möglich wäre, irgendwoher noch ein Exemplar zu beschaffen („Vielleicht habe ich noch irgendwo eins auf Lager"). Die Tatsache, dass der Verkäufer aus dem betreffenden Gegenstand ein knappes Gut gemacht hat, ändert schlagartig unsere Einstellung dazu. Experimente bestätigen diesen Befund: Knappe Güter finden wir begehrenswerter.

Das fängt schon an, wenn wir noch Kinder sind, wie ein Experiment zeigt, das Eltern gut vertraut sein dürfte: Man legt zwei Spielzeuge in ein Zimmer und lässt unvoreingenommene Versuchspersonen – zweijährige Kinder – auf selbige los. Liegen die beiden Spielzeuge unschuldig nebeneinander, so wird keines der beiden von den kindlichen Probanden bevorzugt. Das ändert sich schlagartig, wenn man eine Plexiglaswand zwischen beide Spielzeuge stellt, welche die Kinder von einem der beiden Spielzeuge trennt. Auf einmal ist das Spielzeug, das hinter der Scheibe wartet, viel attraktiver als das leicht zugängliche Spielgerät. Die Kinder umlaufen sofort die Plexiglaswand, um das schwerer zugängliche Spielzeug in Besitz zu nehmen. Reduziert man die Höhe der Plexiglaswand so weit, dass die Kinder sich bequem darüber beugen könnten, um das zweite Spielgerät zu erreichen, dann ist es auf einmal nicht mehr so begehrt. Es ist ja auch nicht mehr schwer erreichbar und damit nicht mehr knapp.

Nun sind Kinder eben Kinder. Wie reagieren denn Erwachsene auf Knappheit? Um das zu prüfen, verwendet man Kekse: Man bittet Versuchspersonen, diese zu probieren und deren Attraktivität zu beurteilen. Dabei machte man im Versuchsaufbau einen kleinen Unterschied: Einmal reichte man den Versuchspersonen einen Teller mit zehn Keksen, von dem sie einen Keks probierten, einmal waren nur zwei Kekse auf dem Teller, die Kekse waren also knapp. Das Ergebnis spricht für den Terror der Knappheit: Die Versuchspersonen fanden den Keks deutlich attraktiver, wenn er knapp war. Waren zehn Kekse vorhanden, so war der Keks in ihrer Einschätzung weniger attraktiv. Noch attraktiver bewerteten die Versuchspersonen den Keks, wenn man den Versuch noch ein wenig variierte: Man stellte ihnen zunächst einen Teller mit zehn Keksen hin, ersetzte ihn aber noch vor der Geschmacksprobe durch einen Teller mit zwei Keksen. Das Resultat: Waren die Kekse vor den Augen der Versuchspersonen weniger geworden, so waren sie noch begehrenswerter.

Dabei machte es durchaus einen Unterschied, warum die Kekse knapp geworden waren: Sagte man den Versuchspersonen beispielsweise, dass sich der Versuchsleiter geirrt habe und für das Experiment doch nur zwei Kekse zur Verfügung stehen, war das nicht so problematisch. Nahm man den Probanden von den zehn Keksen hingegen acht Stück weg mit dem Hinweis, man brauche die Kekse für die anderen Experimente, so wurden sie in den Augen der Probanden viel interessanter.

Für Ökonomen ist das eine versöhnliche Erkenntnis: Je mehr Wettbewerb um ein Gut herrscht, desto attraktiver wird es für uns. Neben evolutorischen Begründungen gibt es auch eine ökonomische Begründung für den Charme der Knappheit: Wird ein Gut von allen begehrt und ist knapp, so ist das ein Signal für uns, dass es sich tatsächlich um ein wertvolles Gut handelt. Millionen anderer Menschen können sich doch nicht irren.

Diese Erkenntnis kann man sich als Verkäufer zunutze machen: Wenn ein Gut knapp ist und es Konkurrenten um dieses Gut gibt, erscheint es uns begehrenswerter, und wir sind leichter geneigt, es zu kaufen. Das haben beispielsweise die Verkaufssender verinnerlicht, die vor den Augen der Zuschauer den vermeintlichen Lagerbestand des angepriesenen Gutes auf null zählen. Oder die Telefonfirmen, die ihre Angebote gern mit dem Werbespruch „Sondertarif – nur noch bis zum 31.1." ankündigen. Muss man da nicht schnell zugreifen, um sich das letzte Angebot noch vor dem Konkurrenten zu sichern?

Gute Verkäufer machen aus jedem Gut die letzte Gelegenheit – wohl wissend, dass keiner von uns dieselbe verpassen will. Auch als Verkäufer in eigener Sache nutzen wir gern den Terror der Knappheit. Wer hätte nicht schon einmal versucht, sich in den Augen des anderen Geschlechts dadurch attraktiver zu machen, dass man andeutet, auch noch von anderer Seite den Hof gemacht zu bekommen?

Brehm, S. S., Weintraub, M.: „Physical barriers and psychological reactance: two-year-olds' responses to threats to freedom", in: Journal of Personality and Social Psychology 35 (1977); pp. 830–836.

Worchel, S., Lee, J. Adewole, A.: „Effects on supply and demand on ratings of object value", in: Journal of Personality and Social Psychology 32 (1975), pp. 906–914.

Neid bremst den Fortschritt

Nur wenn soziale Unterschiede zugelassen werden, kann die Wirtschaft wachsen

Philip Plickert

Wonach strebt der Mensch? Die klassische Ökonomik hatte eine einfache Antwort: Der Mensch strebt in wirtschaftlichen Dingen danach, seinen persönlichen Nutzen zu maximieren. Die Klassiker zeichneten das Bild des „homo oeconomicus", der streng rational aus verschiedenen Optionen jene mit dem höchsten Nutzen für sich auswählt. Eine neuere, experimentelle Wirtschaftsforschung malt ein großes Fragezeichen über den „homo oeconomicus". Steht damit ein Paradigmenwechsel an?

Das in den achtziger Jahren von Bonner Ökonomen um Werner Güth begonnene Experiment namens „Ultimatum-Spiel" zeigt, dass Menschen nicht nur ihren eigenen materiellen Nutzen maximieren wollen, sondern sehr genau schauen, was andere bekommen. Unter Umständen tritt in den Experimenten ein klar destruktives Verhalten zutage: Probanden verzichten auf eigenen Gewinn, damit nur kein Mitspieler übermäßig mehr gewinnt. Einige Forscher sprechen von „sozialer Präferenz" – man könnte das Motiv aber auch schlicht Neid nennen.

Beim Ultimatum-Spiel erhält ein Spieler einen Geldbetrag und muss davon dem Mitspieler etwas abgeben. Dieser kann annehmen oder ablehnen – im letzteren Fall wird das Geld vom Spielleiter wieder komplett eingezogen. Nun bedeuten auch kleinere Beträge einen Gewinn, doch im Experiment zeigt sich, dass viele Probanden diesen ausschlagen. Um zu verhindern, dass ihr anonymes Gegenüber deutlich mehr nach Hause trägt, weisen sie geringe Gewinne zurück. Das ist die klassische Definition des Neides, die schon Sigmund Freud gab: „Keiner soll sich hervortun wollen, jeder das gleiche sein und haben." Nach Freud entwickelt sich aus der ursprünglichen Geschwistereifersucht und dem Neid ein Gerechtigkeitsgefühl: „Soziale Gerechtigkeit will bedeuten, dass man sich selbst vieles versagt, damit auch die anderen darauf verzichten müssen."

Welche Rolle der Neid in verschiedenen Gesellschaften spielt, hat der Soziologe Helmut Schoeck in einer brillanten Studie vor gut 40 Jahren analysiert. Einige Naturvölker zeigen extreme Formen. Schoeck berichtet vom amerikanischen Indianerstamm der Navaho, die keinen Begriff von „persönlichem Erfolg" kennen. Wenn einer einen Gewinn macht, steht er unter Druck, das Erworbene an die Gemeinschaft zu verteilen. Die bolivianischen Sirionos sind so neidisch auf das Jagdglück ihrer Nachbarn, dass diese sich nur im Schutz der Dunkelheit trauen, Beute ins Dorf zu schleppen. Jedes Gut wird ängstlich vor der Stammesgemeinschaft verborgen.

In vielen Kulturen fürchtet man den „bösen Blick" der Missgünstigen. Wer etwas wagt und gewinnt, dem droht ein Schadenzauber; wer scheitert, dem ist die Schadenfreude der anderen sicher. Umgekehrt führen abergläubische Gesellschaften ein Scheitern auf neidische Blicke zurück. Einige Völker, von denen Schoeck berichtet, etwa die südafrikanischen Lovedu, waren so sehr darauf bedacht, keine Unterschiede entstehen zu lassen, dass sie Wettbewerb zum Übel und Langsamkeit zur Tugend erklärten. Ein überzogener Neid kann so den Fortschritt lähmen.

„Es gibt vom Neid besessene Kulturen", schreibt Schoeck, „und andere, die ihn weitgehend gezähmt oder aus dem Bewusstsein verdrängt zu haben scheinen". Westliche Gesellschaften haben den Neid sublimiert; nur zu oft steckt er im Ruf nach „sozialer Gerechtigkeit". Eine spezielle Reichensteuer ist dafür ein Beispiel. Ihr Ertrag ist absolut gesehen gering, da sie nur eine kleine Gruppe betrifft; ihr Zweck ist erfüllt, wenn sie den Reichtum der anderen beschneidet.

In den meisten Kulturen wird der Neid moralisch verurteilt. Er gilt im Christentum als eine der Hauptsünden. Soziologen wie Schoeck haben betont, dass die Furcht vor den Neidischen zu Konformismus führe und außergewöhnliche Leistung hemme. Die Angst vor Ungleichheit bekomme einer Gesellschaft nicht gut. Andererseits ist nicht zu leugnen, dass Neidgefühle auch den Ehrgeiz anspornen können. Wenn Menschen mit ihrer Position unzufrieden sind, strengen sie sich an, um das zu erreichen, was der Beneidete hat. Der Neid werde somit zur Triebfeder von Leistung.

Allerdings lenkt er die Energien in zuweilen kuriose Bahnen. Hat der Nachbar ein dickes Auto, so eifert man ihm nach, macht so viele Überstunden, bis man selbst sich auch ein teures Auto leisten kann. Das führt zu einem regelrechten Wettlauf nach Statussymbolen, den aber keiner gewinnen kann, denn die Statusgewinne neutralisieren sich gegenseitig, wie der Verhaltensökonom Ernst Fehr betont. Das erwählte Konsummuster ist ineffizient, da das erstrebte Glück des Übertrumpfens nicht erreicht wird. Traditionell haben viele Gesellschaften das Problem implizit „gelöst", indem sie demonstrativen Luxuskonsum sozial ächten – man verbirgt seinen Reichtum und erregt kein Missfallen.

Die noch relativ junge experimentelle Verhaltensökonomie und die Glücksforschung zeigen, dass Menschen weniger auf ihren absoluten Wohlstand als auf ihre relative Position innerhalb der Gesellschaft achten. Die enorme objektive Steigerung des Konsumniveaus auch für die Massen hat in den vergangenen 200 Jahren das subjektiv erlebte Glück nicht steigen lassen, wie es das Modell des „homo oeconomicus" erwarten ließe. Ein höheres Einkommen verschafft über die Zeit nur zusätzliche Befriedigung, wenn sich auch die relative Einkommenssituation in der Gesellschaft verbessert.

Diese Tendenz, sich ständig mit anderen zu vergleichen, hat immer zwei Seiten: Man blickt nach oben wie nach unten. Und sie kann individuelle wie auch kollektive Aktion erzeugen. Die Entstehung der modernen demokratischen Umverteilungsstaaten ist untrennbar damit verbunden, dass sich eine Mehrheit der Bevölkerung benachteiligt und zurückgesetzt fühlte. Dabei besteht die Gefahr, dass sie mehr darauf achtet, dass niemand ein zu großes Stück vom Kuchen erhält, als dass der Kuchen insgesamt wächst.

Helmut Schoeck: Der Neid und die Gesellschaft, Herder-Bücherei, Freiburg 1971.

Ernst Fehr: Neid, Status und Markt, in: Gerhard Schwarz/Robert Nef (Hg.): Neidökonomie. Wirtschaftspolitische Aspekte eines Lasters, NZZ Libro, Zürich 2000.

Teure Geschenke

Geldgutscheine verleiten Kunden dazu,
ihre Ausgabendisziplin zu vernachlässigen

Hanno Beck

Einem geschenkten Gaul solle man nicht ins Maul schauen, heißt es. Wenn man etwas geschenkt bekommt, warum sollte man dieses Geschenk hinterfragen? Vielleicht, weil es ein teures Geschenk werden kann, sagen Ökonomen: Manche Geschenke, etwa Geldgeschenke in Form von Gutscheinen, können uns teuer zu stehen kommen: Indem sie uns dazu verleiten, mehr auszugeben, als wir geplant hatten. Wer unverhofft zu Geld kommt, so die Idee, gibt dieses Geld leichtfertiger aus als Geld, das er sich hart erarbeitet hat.

Kann man diesen Effekt experimentell untersuchen? Ja, man kann: Der Ökonom Max H. Bazermann hat mit Katherine Milkman, John Beshears und Todd Rogers das Ausgabenverhalten von Kunden bei Online-Lebensmittelgeschäften untersucht und sich angesehen, wie sich die Einkäufe der Kunden ändern, wenn man ihnen einen Gutschein gibt. 3.000 Kunden eines Online-Lebensmittelhändlers bekamen einen Zehn-Dollar-Gutschein. 10 Prozent der fast 35.000 Bestellungen, welche die Ökonomen untersucht haben, wurden unter Benutzung eines solchen Gutscheins getätigt, die anderen Bestellungen waren reguläre Einkäufe ohne diesen Bonus. Damit konnte man die Einkäufe der Kunden mit Gutschein mit den Einkäufen der

Kunden vergleichen, die keine Gutscheine hatten. Das Ergebnis: Die Kunden gaben 1,3 Prozent mehr aus, wenn sie, mit einem Gutschein versehen, einkaufen gingen – das waren im Schnitt 1,59 US-Dollar mehr, als sie normalerweise ausgeben würden.

In der traditionellen mikroökonomischen Theorie, sagen Bazermann und seine Kollegen, sei ein solcher Effekt nicht denkbar: Der superrationale homo oeconomicus vereinnahmt die zehn US-Dollar und verteilt sie mental auf sein gesamtes verbleibendes Leben, seine Altersvorsorge und alle zukünftigen Ausgabenpläne – damit dürfte speziell beim Einkauf in dem betreffenden Lebensmittelgeschäft kein messbarer Effekt des Zehn-Dollar-Gutscheins zu beobachten sein. Vereinfacht gesagt, muss man sich das so vorstellen, dass die Kunden bei Erhalt des Gutscheins diesen Vermögenszuwachs von zehn US-Dollar auf alle heutigen und zukünftigen Konsumentscheidungen aufteilen. Ein paar Cents für das neue Auto, ein paar Cents für die Altersvorsorge, ein paar Cents für die Krankenkasse im Alter – damit verteilen sich die zehn US-Dollar auf viele verschiedene Ausgabenposten, so dass für zusätzliche Lebensmitteleinkäufe an einem Tag eigentlich nur ein Betrag unterhalb der Wahrnehmungsschwelle übrig bleiben sollte. Tut es aber nicht: Wer den Zehn-Dollar-Gutschein erhält, gibt merklich mehr, als es diese Theorie suggeriert.

Bazermann und seine Kollegen führen diesen Effekt auf die Angewohnheit der Menschen zurück, ihre Ausgabenpläne zwecks Übersichtlichkeit in mentale Konten zu zerlegen – man hat im Kopf verschiedene mentale Konten, denen man Geld zuordnet. Eines dieser Konten ist das Sparkonto, auf dem man für das Alter oder spätere Konsumwünsche vorsorgt – Geld, das auf diesem mentalen Konto abgelegt wird, rührt man nicht an, weil man weiß, dass man es später benötigt. Knabbert man trotzdem dieses mentale Sparkonto an, so hat man ein schlechtes Gewissen, weil man weiß, dass man sich an seinem späteren Ich versündigt. Und genau dies ist es, was uns dazu anhält zu sparen und was dafür verantwortlich ist, dass man geschenktes Geld rascher ausgibt, meinen Bazermann und seine Kollegen. Ihr Argument: Grundsätzlich ist der Mensch willensschwach, er möchte sein Geld lieber heute als morgen aus dem Fenster werfen. Alleine seine mentale Kontenbildung und das schlechte Gewissen, wenn er sein mentales Sparkonto plündert, schützen ihn davor. Das gilt dann aber nicht für geschenktes Geld: Da dieses nicht – vor allem wenn es um kleine Beträge wie zehn Dollar geht – den Weg auf das Sparkonto findet, steht dem Impuls, das Geld sofort aus dem Fenster zu werfen, nichts im Wege. Mit anderen Worten: Geldgeschenke steigern deswegen unsere Ausgabenlust, weil diese Geschenke der mentalen Spardisziplin, die wir uns selbst auferlegen, entgehen.

Allerdings bieten sich auch drei andere Erklärungen für dieses Verhalten an: zum einen, dass Kunden den Gutschein als Geschenk des Lebensmittelhändlers ansehen, für das sie sich revanchieren, indem sie mehr einkaufen. Zum zweiten wäre die Idee, dass Geschenke Menschen in ein emotionales Hoch versetzen, und diese Emotionen könnten die Ausgabendisziplin untergraben. Was dieses Argument angeht, steht die Forschung noch am Anfang eines langen Weges. Idee Nummer drei, die dieses Verhalten erklären könnte, ist hinlänglich bekannt. Es ist der sogenannte Einkommenseffekt: Steigt das Einkommen respektive das Vermögen, so steigt die Nachfrage nach den meisten Gütern. Dabei steigt die Nachfrage besonders nach einkommenselastischen Gütern, also solchen Gütern, deren Nachfrage bei einem prozentualen Anstieg des Einkommens oder Vermögens überdurchschnittlich steigt. Dieser Befund deckt sich mit den Beobachtungen im Falle der Zehn-Dollar-Gutscheine: Die Kunden kauften mit dem zusätzlichen Geld vor allem eher Luxusartikel wie beispielsweise Meeresfrüchte, von denen man weiß, dass sie eine hohe Einkommenselastizität aufweisen.

Aber was auch immer die Erklärung für den Befund sein mag, dass Geschenke teuer werden können, er deckt sich mit anderen Studien: Geschenke führen dazu, dass wir mehr ausgeben. Wir sollten also – statt dem geschenkten Gaul zu vertrauen – es vielleicht eher mit den Trojanern halten, die schon wussten: Manches Geschenk muss man fürchten.

Katherine Milkman, John Beshears, Todd Rogers, Max H. Bazermann: Mental accounting and small windfalls: Evidence from an online Grocer. Harvard Business School Working Paper No. 8–24.

Schaffen Sie sich einen Hund an!

Das belebt nicht nur die Wirtschaft, sondern senkt auch noch die Gesundheitskosten

Werner Mussler

Um den Euro müssen wir uns keine Sorgen mehr machen. Sein Binnen- und sein Außenwert sind stabil, die Unabhängigkeit der Europäischen Zentralbank unantastbar. Kurz: Die europäische Einheitswährung macht die D-Mark längst vergessen. Wie kommt man zu diesem ökonomisch etwas gewagten Urteil? Durch die Beobachtung der Forschungsaktivitäten einschlägiger Ökonomen. Nehmen wir etwa Renate Ohr. Die Göttinger Volkswirtschaftsprofessorin ist 1992 durch ein von ihr initiiertes Ökonomenmanifest gegen den Maastricht-Vertrag – vor allem die Währungsunion – und 1998 durch ein ähnliches Manifest gegen eine zu frühe Euro-Einführung bekannt geworden. Fast alles, womit sie sich seither beschäftigt hat, hatte im weiteren Sinne mit dem Euro zu tun.

Doch jetzt findet sie dieses Thema offenbar nicht mehr ergiebig genug und hat sich deshalb ein neues Forschungsfeld erschlossen: die ökonomische Hundeforschung. Der „ökonomischen Gesamtbetrachtung der Hundehaltung in Deutschland", die sie mit ihrem früheren Mitarbeiter Götz Zeddies erarbeitet hat, entnehmen wir, dass der Anteil der Ausgaben für die Hundehaltung am deutschen Bruttoinlandsprodukt einem Fünftel des Beitrags der deutschen

Landwirtschaft entspricht, dass 50 bis 60 Hunde einen Arbeitsplatz finanzieren – und dass Hundehaltung die gesamtwirtschaftlichen Gesundheitskosten reduziert.

Unterschiedliche Berechnungen führen Ohr und Zeddies zum Schluss, dass durch die Hundehaltung eine Wirtschaftsleistung von 4 bis 5 Milliarden Euro jährlich erbracht wird. So zählen sie alle Umsätze zusammen, die mit der Hundehaltung irgendwie zusammenhängen, und schlagen das Hundesteueraufkommen (220 Millionen Euro) drauf.

Ein paar Beispiele: Die deutschen Hundezüchter erwirtschaften jährlich einen Umsatz von 360 bis 390 Millionen Euro, der Aufwand für Hundenahrung beträgt bis zu 1,8 Milliarden Euro, der Umsatz für Hundezubehör beläuft sich auf 200 Millionen Euro, dazu kommen Tierärzte, Tierarzneien, Tierheime (jeweils mit ihrem Hundeanteil), die Hundehaftpflichtversicherungen, Hundeschulen, -salons, -pensionen und -bestatter. Die Aufzählung endet mit dem Umsatz der sieben wichtigsten deutschen Hundezeitschriften – von „Wild und Hund" bis „Mein Hund" – in Höhe von insgesamt rund 17,5 Millionen Euro.

Ergänzt wird diese Datensammlung durch Ergebnisse von Interviews mit 200 Hundehalter-Haushalten. Diese ergeben durchschnittliche jährliche Ausgaben pro Hund (für Futter und Steuern, Tierarzt und Zubehör, Haftpflicht und Hundepension, ohne die Kosten für die Anschaffung) von knapp 1.000 Euro. Bei etwa 5 Millionen Hunden in Deutschland kommt man auch so auf einen Beitrag der Hundehaltung zum Bruttoinlandsprodukt (BIP) von etwa 5 Milliarden Euro. Das sind 0,22 Prozent des Gesamt-BIP. Zum Vergleich: Die Landwirtschaft trägt 1,06 Prozent bei. Außerdem schafft die Hundehaltung etwa 100.000 Arbeitsplätze.

Diese Zahlen werden einigermaßen stimmen. Die ökonomische Bedeutung der Hunde spiegeln sie nach Meinung von Ohr und Zeddies indes immer noch nicht wider, weil sie die gesundheitsfördernde Wirkung von Hunden – und damit ihren Beitrag zur Senkung der Gesundheitskosten – nicht einbeziehen. Warum steigern Hunde die Gesundheit? Weil Hundebesitzer täglich mit ihrem Hund spazieren gehen und wegen der Abhärtung seltener erkältet sind. Weil sie bei einem Herzinfarkt eine höhere Überlebenschance haben. Weil die Anschaffung eines Hundes genauso blutdrucksenkend wirkt wie eine salzarme Diät. Weil Haustierbesitzer bessere Cholesterinwerte haben.

All diese Erkenntnisse haben Ohr und Zeddies aus anderen Studien gewonnen. So leiten sie aus einer Untersuchung des Deutschen Instituts für Wirtschaftsforschung Folgendes ab: 12,5 Prozent der deutschen Bevölkerung haben einen Hund. Sie gehen durchschnittlich um 7 Prozent seltener zum Arzt als Nicht-Hundebesitzer. Eine Multiplikation der beiden Prozentzahlen ergibt, dass die Ausgaben für ärztliche Behandlungen und Arzneien um 0,875 Prozent (oder um 2,1 Milliarden Euro) höher wären, wenn es keine Hundehaltung gäbe.

Sollten Sie also zu jenen bedauernswerten Menschen gehören, die Hunde vor allem als laute, sabbernde, kotende und gelegentlich beißende Bestien kennen, wissen Sie nun, dass Sie Ihre Gefühle schon allein aus ökonomischen Gründen zurückstellen müssen. Sollten Sie sich trotz all der segensreichen Eigenschaften von Hunden keinen zulegen wollen, sollten Sie zumindest einsehen, dass sich hierzulande reichlich wirtschaftliche Probleme lösen ließen, wäre der Anteil der Hundehalter höher. In Deutschland haben nur 13 Prozent der Haushalte einen Hund. Wären es wie in Frankreich 38 Prozent, wäre der Beitrag der Hundehaltung zum Sozialprodukt dreimal so hoch, wären die Bundesbürger viel gesünder, die Gesundheitskosten entsprechend geringer.

Sie sind sicher auch schon längst davon überzeugt, dass die Hundesteuer angesichts der vielfältigen positiven Wirkungen der Hundehaltung viel zu hoch ist, dass also mit den Worten Ohrs und Zeddies' „Ausgaben zur Beseitigung irgendwelcher Belastungen, die der Gesellschaft durch die Hundehaltung entstehen, nur einen Bruchteil des Hundesteueraufkommens ausmachen, so dass die Hundesteuer vor allem zur Deckung anderer Staatsaufwendungen beiträgt". Diese Beobachtung dürfte stimmen. Die Staatsausgaben etwa zur Beseitigung von Hundedreck können so hoch nicht sein. Dafür ist einfach zu viel von diesem Dreck vorhanden.

Renate Ohr, Götz Zeddies: Ökonomische Gesamtbetrachtung der Hundehaltung in Deutschland, November 2006. http://www-user.gwdg.de/~lstohr/Aktuelles/BetrachtungHundehaltung.pdf.

GANGSTER UND ANDERE GUTMENSCHEN

Die Gangster von der „Brise de Mer"

Ineffiziente Clangesellschaften haben ein langes Leben.
Das lernen wir auf Korsika

Gerald Braunberger

Das bedeutendste Gangstersyndikat in Frankreich trägt den schönen Namen „Brise de Mer"; auf Deutsch: Meeresbrise. Ihren Namen erhielt die rund drei Jahrzehnte alte kriminelle Organisation nach ihrem ursprünglichen Treffpunkt, einer Bar in der nordkorsischen Stadt Bastia. Die Bar existiert längst nicht mehr, weil sie von einem Gegner der „Brise de Mer" in die Luft gesprengt wurde. Aber die „Brise", wie man sie kurz nennt, existiert immer noch und wirkt so ungefährdet wie eh und je, auch wenn Führungsmitglieder immer mal wieder – und vermutlich nur vorübergehend – festgenommen wurden. Ihr Vermögen wurde im Jahr 2000 von einer staatlichen Untersuchungskommission auf 120 bis 150 Millionen Euro geschätzt – ein für die Verhältnisse einer armen Insel wie Korsika gewaltiger Betrag.

Der „Brise" sagt man nach, sie konzentriere sich auf die Kontrolle der Wirtschaft in der nördlichen Hälfte Korsikas. In der südlichen Hälfte herrschte mit dem wegen Drogenhandels vorbestraften Jean-Jé Colonna lange Zeit ein Mann, dem man auf der Mittelmeerinsel den Status eines „Paten" zubilligte. Jedenfalls bis zum 1.11.2006: An diesem Tag starb Colonna im Alter von 67 Jahren, als sein Wagen eine steile Böschung hinabstürzte. Offiziell lag dem Unfall eine Herzattacke zugrunde, inoffiziell könnte ein kleiner Sprengkörper im Auto eine gewisse Rolle gespielt haben.

Korsika gehört zu Frankreich und ist damit demokratisch verfasst, aber gleichzeitig hat sich auf der Insel schon vor langer Zeit eine Clangesellschaft etabliert, die trotz einer formalen Demokratisierung nicht verschwindet. Die wahren Herren auf Korsika sind nicht die Regierenden in Paris, sondern die Anführer einflussreicher Familien, die die lokale Politik, Wirtschaft und Gesellschaft durchdringen und in ihrem Griff halten – sei es in Form von Gefälligkeiten (wie es Colonna gerne tat), sei es in Form von Gewalt (wie es die „Brise de Mer" lange vorexerzierte). Immer aber gewähren die Clans ihren Getreuen Protektion.

Aus ökonomischer Sicht stellt sich die Frage, warum Clangesellschaften, die noch heute in Teilen Afrikas, Lateinamerikas und Asiens verbreitet sind, nicht untergehen. Denn sie sind gesamtwirtschaftlich nicht effizient, wie unter anderem das Beispiel Korsika zeigt. Die Insel gehört zu den ärmsten Regionen Frankreichs. Die Ineffizienz erklärt sich zum Teil mit der Okkupation und dem Missbrauch staatlicher Institutionen durch die Clans. Zu den Gemeinplätzen der ökonomischen Theorie gehört aber die Erkenntnis, dass ineffizient organisierte Staaten ein wirtschaftliches Entwicklungshemmnis erster Güte darstellen.

Die Langlebigkeit von Clangesellschaften hat ein Autorentrio um den bekannten amerikanisch-türkischen Ökonomen Daron Acemoglu untersucht. Sie kommen zu dem Schluss, dass diese Langlebigkeit das Ergebnis einer Allianz der Clans mit der Bürokratie ist, weil diese beiden Parteien sich in einer solchen Ordnung besserstellen als in einer wirklichen Demokratie. Die ökonomischen Kosten dieser Ordnung zahlt der Rest der Bevölkerung.

Acemoglu & Co. gehen in ihrem Papier von einer Gesellschaft aus, in der wenige Reiche (die Clans) und viele Arme existieren und in der die Reichen die politische Kontrolle ausüben. Dann zeigen sie, welche Ordnung den Reichen mehr nützt: Die Bewahrung der Clangesellschaft (die auch in einem formal demokratischen Staat existieren kann) oder eine wirkliche Demokratie ohne dominierenden Einfluss der Clans. Im Falle einer wirklichen Demokratie müssen sie einen Umverteilungsstaat befürchten, denn die Armen werden über ihnen geneigte politische Mehrheiten versuchen, über hohe direkte Steuern an das Geld der Clans zu kommen.

Daher besteht nach Ansicht der Autoren für die Clans ein Anreiz, die Kontrolle nicht aus der Hand zu geben. Das geht in einem demokratischen Staat auf zweierlei Weise: Durch Gefälligkeiten wie Patronage und auch gelegentliche materielle Unterstützung für Arme, vor allem aber durch den Aufbau einer wuchernden, ineffizienten Bürokratie, die sich den Clans verpflichtet fühlt und sie daher an der Wahlurne unterstützt. Der Aufbau und Unterhalt einer überdimensionierten Bürokratie sowie die Patronage armer Bürger, zu der unter anderem die Schaffung lokaler Arbeitsplätze zählt, kostet die Clans zwar auch Geld, aber dieses Modell mag sie insgesamt immer noch günstiger kommen als ein von den Armen kontrollierter Umverteilungsstaat mit hohen Steuern.

Zumindest Teile dieses Modells sieht man auf Korsika bestätigt. Die Bürokratie absorbiert auf dieser landschaftlich rauen, nicht mit Bodenschätzen gesegneten Insel einen überdurchschnittlich hohen Anteil der Arbeitsplätze. Die Korsen neigen in ihrer Mehrheit auch gewöhnlich bürgerlichen Parteien zu, die den reichen Clans lieber sein dürften als Linksparteien. In Frankreich kursieren denn auch seit Jahrzehnten Gerüchte über eine versteckte Finanzierung bürgerlicher Parteien durch korsische Clans, auch wenn viele Gerüchte nicht verifizierbar sind.

Die Frage ist, warum die Armen sich mit dieser Situation abfinden, anstatt Parteien zu wählen, die ihnen ein höheres Maß an Umverteilung versprechen. Man wird die Analyse der Autoren hier um kulturelle Aspekte ergänzen müssen. Die Korsen besitzen typische Züge eines Inselvölkchens, das sich in seiner Geschichte häufiger von fremden Mächten bedroht und erobert sah und allen Fremden ein nicht unerhebliches Maß an Misstrauen entgegenbringt. In einer solch abgeschlossenen Gesellschaft werden die Familie und der lokale Clan zum Lebensanker. Der Clanherr verspricht

Schutz und Hilfe in schlechten Zeiten und profitiert im Gegenzug von der Loyalität der protegierten Armen.

Der Pariser Zentralstaat stellt sich gegenüber diesem Treiben derart hilf- und machtlos an, dass der Eindruck entsteht, er toleriere die Zustände. Die einzige wirkliche Bedrohung eines Clans stellen rivalisierende Clans dar, und dann entscheidet, wer die Waffen mit den größeren Kalibern besitzt. Im Laufe der Jahrzehnte wurden zwei Führungsmänner der „Brise" von anderen Banden erschossen. Die Antwort der „Brise" war derart bleihaltig, dass sie seitdem ihre Ruhe hat. So lässt es sich leben in der korsischen Clangesellschaft.

Daron Acemoglu & Davide Ticchi & Andrea Vindigni: Emergence and Persistence of Inefficient States. Working Paper 2007. Im Internet: http://econ-www.mit.edu/files/2215.

Was ist so schlimm am Organhandel?
Ein Markt brächte die Niere schnell an den richtigen Ort.
Doch ethische Bedenken bleiben

Patrick Welter

Anfang der neunziger Jahre empfahl das französische Innenministerium, dass Zwergwerfen verboten werde, weil es die Menschenwürde verletze. Zwergwerfen ist eine Aktivität, bei der ein großer Mensch einen kleinen Menschen möglichst weit wirft. Meistens ist dabei viel Alkohol im Spiel, der Zwergwurf dient der Unterhaltung auf Volksfesten. Ein Franzose, der sich beruflich als Zwerg verdingt hatte, klagte damals gegen die zunehmenden kommunalen Verbote seines Berufes. Er erhielt vor Gericht erst recht, scheiterte dann aber am französischen Staatsrat, der das Urteil aufhob. Der Franzose, der behauptete, angesichts seiner geringen Größe keine andere Stelle zu finden, ließ nicht locker. Doch auch eine Beschwerde bei den Vereinten Nationen half ihm nicht. Diese erachteten das Verbot des Zwergwerfens als geboten, um die öffentliche Ordnung in Frankreich aufrechtzuerhalten. Im Mittelpunkt der Begründung stand nicht der Schutz der Zwerge vor Verletzungen, sondern die Menschenwürde. Offensichtlich gibt es berufliche Tätigkeiten und wirtschaftliche Aktivitäten, die von vielen als so abstoßend erachtet werden, dass sie abgelehnt werden.

Eine solche Aktivität ist der Verkauf von Organen zur Transplantation. In den meisten Staaten ist dies verboten, aber dies ist nicht selbstverständlich. In Indien war es in den achtziger und neunziger Jahren zeitweise zulässig, Organspender für ihre Leistung pekuniär zu entschädigen. Auch der Iran erlaubt eine Bezahlung für die Organspende von Lebenden. Mit Verweis auf den Koran verbietet die Regierung indes die Organentnahme aus Leichen. Ausschlaggebend für den Umgang mit Organspenden sind kulturelle und religiöse Normen. Diese sind nicht überall auf der Welt gleich. In christlich geprägten, westlichen Gesellschaften wird es überwiegend als verwerflich empfunden, wenn der Körper als Ware gebraucht wird – obwohl dies in mancher Hinsicht akzeptiert wird. Rund um Blutspenden etwa hat sich ein Geschäft entwickelt, das alle Züge eines Marktes trägt. Und wie soll man es auch anders nennen als einen Preis, wenn für Blut- oder Plasmaspenden Aufwandsentschädigungen gezahlt werden, die etwa für Studenten ein nettes Zubrot sind. Für die Transplantation von Organen ist ein solcher Markt freilich verboten, obwohl es etwa in einzelnen amerikanischen Bundesstaaten immer wieder Versuche gab, die Bereitschaft zur Organspende pekuniär zu steigern. So gewährte Georgia bis 2005 einen Rabatt von sieben US-Dollar auf die Führerscheingebühr, wenn der künftige Autofahrer sich zur Organspende im Todesfall bereit erklärte.

Seit der ersten Transplantation einer Niere in Boston im Jahr 1954 ist die Zahl der Transplantationen im Trend deutlich gestiegen. Zugleich aber stieg die Zahl der Menschen mit defekten Organen, die auf eine Transplantation von Niere, Leber oder Herz warten, bei weitem schneller. Tausende Menschen warten in Deutschland und in vielen anderen Ländern auf ein passendes Spenderorgan. Viele der Kranken warten so lange, bis ihr Gesundheitszustand sich so verschlechtert hat, dass eine Transplantation keinen Erfolg mehr verspricht oder sie zuvor sterben. Ein solch dauerhaftes Auseinanderklaffen zwischen Angebot und Nachfrage ruft aus ökonomischer Sicht geradezu danach, dass ein Markt zugelassen wird, um menschliches Leid zu mindern. So wie das Spiel von Angebot und Nachfrage dafür sorgt, dass Lebensmittel des täglichen Bedarfs in ausreichendem Umfang zur Verfügung stehen, können pekuniäre Anreize dazu beitragen, dass die Angebotslücke bei Organen geschlossen wird.

Die Ökonomen Gary Becker und Julio Jorge Elías haben unlängst – in einem Schwerpunkt der Zeitschrift „Journal of Economic Perspectives" – die Vorteile eines Marktes für Organe dargelegt und dabei vor allem die Vorteile von Lebendspenden hervorgehoben, die bei Niere und Leber ohne drastische Risiken für das Leben der Spender möglich sind. Nach ihren Berechnungen und Plausibilitätsüberlegungen am Beispiel der Vereinigten Staaten stiegen die Kosten einer Organtransplantation um bis zu 12 Prozent, wenn der Spender für das Organ bezahlt würde. Zugleich aber stiege das Angebot an Spenderorganen drastisch, so dass lange Wartelisten der Vergangenheit angehören würden. Man muss diese Rechnung nicht für bare Münze nehmen. Wie der Preis einer Spenderniere sich an einem legalisierten Markt für Organe entwickeln würde, kann nur die Wirklichkeit zeigen. Sicher aber ist, dass ein solcher Markt funktionieren würde. Die Ökonomik der Transplantation verlangt nicht mehr als das Einmaleins des Volkswirts.

Gegen die einfachen wirtschaftlichen Überlegungen verblassen alle Versuche von Regierungen und Hilfsorganisationen, für freiwillige Organspenden im Todesfall zu werben. Aus freiheitlicher Sicht wäre ein Markt für Transplantationsorgane erst recht wünschenswerter als Gesetzesregelungen, nach denen Toten regelmäßig Organe entnommen werden dürfen, es sei denn, sie hätten zuvor widersprochen. Mit einer solchen Einspruchslösung teilt die parlamentarische Mehrheit dem Staat in gewisser Weise das Eigentumsrecht an Leichen zu. Gegen eine solche Aneignung von Rechten lassen sich mindestens so viele ethische Einwände vorbringen wie gegen einen Markt für Organspenden, in dem die Autonomie des Einzelnen über seinen Tod hinaus gewahrt bliebe.

Dennoch finden solche Regelungen vielfach mehr Zustimmung als die Idee, einfach die Marktkräfte wirken zu lassen, um den Angebotsengpass zu überwinden. Indes könnte die „Produktion von Spenderorganen" auch durch weniger weitreichende institutionelle Änderungen angeregt werden, die private Eigentumsrechte nicht beschädigen. Eine solche Idee ist das Prinzip der Reziprozität, für das der Frankfurter Philosoph Hartmut Kliemt schon seit Jahren wirbt. Die Bereitschaft zur Organspende im Todesfall ließe sich schnell steigern, wenn der willige Spender wüsste, dass er zu Lebzeiten bevorzugt ein Organ erhielte, sollte er es benötigen. Eine solche Gegenseitigkeit, die sich leicht durch „Spenderklubs" organisieren ließe, sehen die hierzulande angewandten Regeln zur Verteilung von Spenderorganen nicht vor. In Deutschland werden Organe zentral nach medizinischen Kriterien verteilt. Dies zeugt von einem tiefen Misstrauen gegen individuelle Entscheidungen. Die schädlichen Rückwirkungen auf die Bereitschaft zur Organspende werden dabei in Kauf genommen. Tausende Patienten, die auf ein Organ warten, kommt dies teuer zu stehen.

Journal of Economics Perspectives, Bd. 21, Nr. 3, 2007. Aufsätze von Hartmut Kliemt zu ethischen und gesundheitsökonomischen Fragen der Organtransplantation finden sich auf seiner Internet-Seite.

Was kosten niedrige Steuern?

Steuersenkungen finanzieren sich zur Hälfte selbst.
Die Politik muss sich nicht fürchten

Patrick Bernau

Steuererhöhungen sind schon ein schwieriges Geschäft. Zwar kann der Finanzminister im Prinzip vor jeder Steuererhöhung ausrechnen, wie viel ihm die höheren Prozentsätze bringen. Aber damit überschätzt er seine Einnahmen aus der Steuererhöhung meistens. Und umgekehrt gilt: Jede Steuersenkung finanziert sich zu einem gewissen Teil selbst.

Der Grund ist einfach: Die Menschen passen sich an die höheren Steuern an. Bei der Ökosteuer ist der Mechanismus am deutlichsten: Wenn die steigt, wird so mancher Autofahrer weniger tanken. Dann bekommt der Fiskus zwar mehr Geld pro getanktem Liter – aber eben gar nichts mehr für die Liter, die nicht mehr getankt werden. So ähnlich ist die Lage mit allen Steuern und Abgaben. Steigen die Sozialabgaben, gibt es weniger Arbeitsplätze. Steigt die Lohnsteuer, wird so mancher aufhören zu arbeiten, der auf das Einkommen nicht unbedingt angewiesen ist. Steigen die Steuern auf Zinsen und Aktiengewinne, werden weniger Menschen ihr Geld anlegen.

Egal, welche Steuer die Regierung auch erhöht – irgendwann kommt sie immer an den Punkt, an dem sie auch mit weiteren Steuererhöhungen kein zusätzliches Geld mehr einnehmen kann. Schlimmer noch: Es kann sogar so weit gehen, dass Steuererhöhungen den Staat insgesamt sogar Geld kosten. Diesen Gedanken hat in den siebziger Jahren der Ökonom Arthur Laffer bei einem Abendessen ausgesprochen und eine stilisierte Kurve der Steuereinnahmen auf eine Serviette gemalt. Seitdem sprechen Ökonomen von der „Laffer-Kurve". Sie beginnt bei null Steuern und null Einnahmen. Mit steigenden Steuern steigen die Einnahmen, bis irgendwann ein Gipfel erreicht ist und es wieder abwärtsgeht. Im Ganzen sieht die Laffer-Kurve aus wie ein stilisierter Hügel.

Dass die Steuereinnahmen sich grundsätzlich tatsächlich so verhalten, darüber herrscht viel Einigkeit unter Ökonomen und Politikern. Aber die entscheidende Frage für die praktische Politik ist damit noch lange nicht geklärt: Wie genau sieht der Hügel aus? Und wo ist der Gipfel der Steuereinnahmen? Bislang kursieren dafür nur Faustregeln.

Zwei Forscher haben sich dieser Frage angenommen: Mathias Trabandt und Harald Uhlig, die früher beide an der Berliner Humboldt-Universität gearbeitet haben. Inzwischen arbeitet Trabandt bei der Europäischen Zentralbank, Uhlig ist an die Universität Chicago gewechselt.

Die beiden Forscher untersuchen die Steuern auf Kapital und Arbeit in 14 Mitgliedsländern der Europäischen Union und den Vereinigten Staaten. Dafür nutzen sie Wirtschaftsdaten aus allen Jahren von 1995 bis 2007 und schätzen anhand dieser Daten ab, wie die Sozialleistungen und die Vorlieben der Menschen zusammenwirken und wie sensibel die Menschen in den unterschiedlichen Ländern auf Steuern reagieren. Und was passiert, wenn sich die Steuersätze ändern.

Die Tendenzen in den Ergebnissen sind so, wie Laffer sie in den siebziger Jahren vorhergesagt hat: Wenn die Steuern zu hoch sind, bringt den Staaten das tatsächlich nichts. Trabandts und Uhligs Berechnungen zufolge gewinnt die Regierung der Vereinigten Staaten noch am meisten, wenn sie die Steuern erhöht; schließlich sind die Steuern dort ohnehin sehr niedrig. Auf einen ähnlichen Wert kam das Haushaltsbüro des Kongresses vor vier Jahren, das macht Trabandts und Uhligs Werte glaubwürdiger. Sie zeigen jetzt zudem: In Dänemark und Schweden sind die Kapitalsteuern so hoch, dass die Regierungen wohl mehr Geld einnähmen, wenn sie die Steuersätze senkten.

Deutschland liegt im Mittelfeld der Auswertung. Würden die Steuern und Abgaben aufs Gehalt steigen, bekäme der Finanzminister für jeden Euro Steuererhöhung ungefähr 50 Cent an zusätzlichen Steuereinnahmen. Das bedeutet umgekehrt: Steuer- und Abgabensenkungen würden sich rund zur Hälfte selbst finanzieren. Wenn die Steuern auf Kapitalerträge sinken, finanziert sich das sogar zu 70 Prozent selbst.

Trabandt und Uhlig ermitteln auch, dass der deutsche Fiskus noch etwas Luft nach oben hat: Das Maximum der Steuereinnahmen ist erst erreicht, wenn durchschnittlich 64 Prozent Steuern und Abgaben auf die deutschen Gehälter anfallen. Die Gewinne werden allerdings mit steigenden Abgaben immer kleiner. Die Einnahmen aus Lohn- und Einkommensteuer sowie Sozialabgaben kann der Staat darum höchstens noch um 10 Prozent steigern. Das wären rund 60 Milliarden Euro. Von den Kapitalerträgen wären fast gar keine zusätzlichen Steuern mehr zu holen.

Ganz direkt kann die neue Regierung die Zahlen immer noch nicht verwenden. Trabandt und Uhlig haben in der aktuellsten Version ihrer Studie zwar die wirtschaftlichen Verhältnisse der Jahre 1995 bis 2007 analysiert und damit erstmals auch die nach den Hartz-Reformen. Dass die Einführung der Abgeltungsteuer Anfang 2008 an den Verhältnissen wenig ändern wird, lässt sich bisher aber nur vermuten. Außerdem haben Trabandt und Uhlig in ihrer Rechnung nur den Durchschnittssteuersatz der Deutschen berücksichtigt, nicht den Eingangs- oder den Spitzensteuersatz. Wie sich eine Senkung des einen oder des anderen auswirkt, das ermitteln sie nicht.

Trotzdem gibt ihre Untersuchung einen Anhaltspunkt dafür, welchen Spielraum die neue Regierung für Steuererhöhungen oder Senkungen haben wird. Den größten Spielraum hat sie bei der Mehrwertsteuer: Für die Einnahmen daraus gibt es nämlich noch lange keinen Höhepunkt, zeigen die Forscher, sie können noch kräftig steigen. Mögen einige Menschen dank ihres Geldes oder dank Sozialleistungen auch aufs Arbeiten verzichten können – einkaufen werden sie immer noch.

Mathias Trabandt und Harald Uhlig: „How Far Are We From The Slippery Slope? The Laffer Curve Revisited", NBER Working Paper 15343, September 2009, http://www.nber.org/papers/w15343.

Congressional Budget Office: „Analyzing the Economic and Budgetary Effects of a 10 Percent Cut in Income Tax Rates", Economic and Budget Issue Brief, 1.12.2005, http://www.cbo.gov/ftpdocs/69xx/doc6908/12-01-10PercentTaxCut.pdf.

Das Märchen vom guten Strom

Viele Milliarden ausgeben für wenig CO_2-Einsparung:
Darauf ist Deutschland auch noch stolz

Philip Plickert

Es war einmal ein Volk, das wollte die Umwelt und das Klima schützen. Voller Eifer machte es sich daran, Solarzellen auf Dächer und Felder zu montieren. Und auf jeden Hügel setzte es ein Windrad. Die Regierung versprach, der so produzierte Strom werde zu einem garantierten hohen Preis abgenommen. Bald gab es eine Million Solaranlagen. Mehr als die Hälfte der Weltkapazität an Solaranlagen stand in dem eher sonnenarmen Land. Zwar kostete die Einspeisevergütung viel Geld, jedes Jahr 1,5 Milliarden Euro für Solar und 3,5 Milliarden für Windkraft. Doch die Deutschen zahlten gerne für den „guten" Strom. Schließlich helfe der, das Klima zu schützen, weil bei der Erzeugung kein Kohlendioxid (CO_2) ausgestoßen werde.

Allerdings gab es in dem fleißigen Volk von Umweltschützern auch einige Nörgler, sogenannte Ökonomen, die ihnen eine unangenehme Wahrheit zu erklären versuchten: Keine einzige Tonne, nicht einmal ein Gramm CO_2 wird durch all die Solaranlagen oder Windräder eingespart! Auch das EU-Verbot der Glühbirne entlastet das Klima nicht um ein Gramm Treibhausgas!

Das klingt ungeheuerlich, ist aber einfach zu erklären: Die Gesamtmenge an Emissionszertifikaten, die den CO_2-Ausstoß von Stromerzeugern und Industrie in Europa begrenzt, wird politisch festgelegt. Wenn die Stromkonzerne weniger CO_2 ausstoßen, weil der Anteil an Solar- und Windstrom steigt, dann sinkt der Preis für die Zertifikate. Die Folge: Andere Nachfrager aus der Industrie greifen zu und leisten sich mehr Emissionen, bis das Kontingent ausgeschöpft ist. Die Milliarden zur Förderung von Solaranlagen oder Windrädern in Deutschland sind somit ein denkbar schlechtes Investment für den Klimaschutz.

Zu den schärfsten Kritikern der deutschen Klimapolitik gehört der renommierte Umweltökonom Joachim Weimann, der an der Universität Magdeburg lehrt. In seiner Streitschrift „Die Klimaschutzpolitik-Katastrophe" erklärt er auch für Laien gut verständlich, warum der eingeschlagene Weg ein unglaublich teurer, ineffizienter und letztlich kontraproduktiver Irrweg ist. Für eine Tonne CO_2-Vermeidung durch eine Windkraftanlage zahlen wir etwa das Fünffache, mit Solaranlagen sogar mindestens das Dreißigfache dessen, was die günstigste Vermeidungsform kosten würde – nämlich die Hebung der Effizienzreserven in konventionellen Kraftwerken und Industrieanlagen.

Die Relationen ergeben sich schlicht aus den Grenzvermeidungskosten. Damit bezeichnen Ökonomen jene Kosten, die entstehen, wenn man die Emissionen um eine Einheit senken will. Der Preis für ein Zertifikat für eine Tonne CO_2

lag seit Beginn des Handels im Jahr 2005 an der Leipziger Energiebörse durchschnittlich bei 20 Euro. So viel zahlen Stromkonzerne und Industriebetriebe für das Recht, eine Tonne CO_2 in die Atmosphäre zu blasen. Ihre Grenzvermeidungskosten liegen also nicht darunter, sonst könnten sie ja Geld sparen, indem sie Anlagen und Kraftwerke modernisieren und dort Emissionen vermeiden.

Für 15 bis 20 Euro kann man an der Energiebörse eine Tonne CO_2 aus dem System herauskaufen. Die in Deutschland montierten Windkraftanlagen haben deutlich höhere Grenzvermeidungskosten: in der realistischen Berechnung mehr als 100 Euro je Tonne CO_2, also gut das Fünffache des Zertifikatepreises. Und für Solaranlagen ist die Kosten-Nutzen-Bilanz noch viel ungünstiger: Ihr Wirkungsgrad ist ohnehin ziemlich gering, im sonnenarmen Deutschland ist die Energieausbeute besonders schlecht. Die Grenzvermeidungskosten der derzeitigen Solaranlagen betragen zwischen 600 und 1.100 Euro je Tonne CO_2.

Deutschland leistet sich einen verhängnisvollen Öko-Irrweg, kritisiert Weimann: „Das Problem ist die Verschwendung von Ressourcen, die wir im Kampf um das Klimasystem bitter nötig brauchen. Wir können diesen Kampf nur gewinnen, wenn wir unsere begrenzten Mittel so einsetzen, dass dabei das Maximum an Klimaschutz herauskommt."

Wo aber die günstigsten Einsparpotentiale für Emissionen liegen, kann die Politik nicht wissen. Für einen zentralen

Planer ist es eine unlösbare Aufgabe, die nötigen Informationen zu sammeln, welche der möglichen Technologien für welche Produkte genutzt werden sollen. An diesem Informationsproblem sind die Planwirtschaften gescheitert. Und auch die deutsche Politik, die in bester planwirtschaftlicher Manier bestimmte Quoten für bestimmte Technologien festlegt und fördert, weiß nicht, was sie tut.

Um die Subventionierung der erneuerbaren Energien zu verschleiern, werden die Milliarden diskret über die Stromrechnung der Haushalte abgebucht. Allein für die seit 2005 installierten Solaranlagen werden in den kommenden 20 Jahren mindestens 27 Milliarden Euro Einspeisevergütung fällig. So verdient sich die Solarbranche eine goldene Nase. Zugleich brüstet sie sich, Arbeitsplätze zu schaffen, doch verschweigt sie, dass jeder einzelne mit gut 150.000 Euro im Jahr subventioniert wird.

Derweil lassen sich die Deutschen einlullen vom „Märchen von dem ‚guten' und dem ‚schlechten' Strom", schreibt Weimann. Die Deutschen lieben Märchen. Das Öko-Märchen entspricht ihrer romantischen Ader. Demnach sind Ökologen für die grünen Wälder zuständig, Ökonomen sind dagegen für rauchende Schornsteine verantwortlich.

Doch Ökologie und Ökonomie lassen sich sinnvoll vereinbaren. Weimann plädiert dafür, auf alle verzerrenden Subventionen zu verzichten und stattdessen den Zertifikatehandel konsequent und umfassend zu nutzen. Indem jede

Tonne CO_2 mit einem Preis belegt wird (der steigt, wenn die Menge in jeder Handelsperiode verknappt wird), spüren Unternehmen den Kostendruck und suchen nach Einsparpotentialen. Die mit den niedrigsten Grenzvermeidungskosten werden als Erste aktiv. So erreicht man den maximalen Effekt mit dem geringsten Aufwand.

Allerdings werden alle Mühen vergeblich sein, wenn es nicht gelingt, das globale Problem der Erderwärmung auch mit einem wirklich globalen CO_2-Abkommen zu bekämpfen. Wenn sich nur ein Teil der Industrienationen ehrgeizige Minderungsziele setzt, verlagern sich die Emissionen bloß: Wir verfeuern weniger Brennstoffe, deren Preis sinkt, und andere kaufen und verbrennen mehr.

Daher ist ein kollektiver Beschluss notwendig. Damit die Kosten der kollektiven Anstrengung nicht unerträglich werden, muss das CO_2-Minderungsziel so effizient wie möglich angestrebt werden. Mit dem planwirtschaftlichen Irrweg wird es nicht klappen. Die Aussichten auf eine wirkungsvolle Klimapolitik seien ohnehin nicht groß, warnt Weimann, und „sie sind nahe null, wenn wir nicht lernen, uns auf die kosteneffizienten Instrumente zu konzentrieren".

Joachim Weimann: Die Klimapolitik-Katastrophe. Deutschland im Dunkel der Energiesparlampe, Marburg 2009.

Im schwarzen Loch der Steinkohlehilfen
Unter Tage sieht man die staatliche Geldvernichtung nicht

Patrick Welter

Ökonomen sind Spezialisten für das Unsichtbare. Wenn Fritz sich einen Mercedes kauft, fragen sie nicht nur danach, wie viel Spaß, Freude und Nutzen ihm das neue Auto bringt. Ökonomen fragen auch danach, worauf Fritz für den neuen Wagen alles verzichtet hat. Schließlich hätte er mit dem Geld für das Fahrzeug ja auch in Urlaub fahren können, sein Haus ausbauen oder das Geld einfach für sein Alter anlegen können. Der französische Ökonom Frédéric Bastiat hat für diesen Gedanken der Opportunitätskosten, der Kosten des entgangenen Nutzens, schon im 19. Jahrhundert die schöne Formel gefunden: Was man sieht und was man nicht sieht. Man sieht, dass Fritz mit seinem neuen Mercedes glücklich ist. Man sieht nicht, auf welches Glück er verzichtet hat, weil er das Geld so und nicht anders verwendete.

Auch wenn Politiker es dem Wähler gern verschweigen, gilt das Prinzip der Opportunitätskosten auch bei Entscheidungen über staatliche Ausgaben. Nicht alles, was auf den ersten Blick so ökonomisch plausibel erscheint, ist beim näheren Nachdenken über den entgangenen Nutzen die Ausgabe wert. Sehr schön haben dies die Ökonomen Manuel Frondel, Rainer Kambeck und Christoph Schmidt gerade am Beispiel der Steinkohlesubventionen in Deutschland vorgeführt. Bund und Länder verwenden derzeit fast 2,5 Milliarden Euro im Jahr darauf, dass rund 38.000 Menschen damit beschäftigt sind, aus großer Tiefe Steinkohle ans Tageslicht zu fördern. Die Subventionen sind seit 1996 zwar um mehr als die Hälfte geschrumpft. Sie sind aber immer noch so groß wie in den frühen achtziger Jahren, als noch fast 200.000 Menschen im deutschen Steinkohlenbergbau beschäftigt waren. Offensichtlich ist den Politikern die Arbeit jedes Kumpels heute mehr wert als noch vor 25 Jahren. Das ist das, was man sieht.

Was man nicht sieht, ist, ob das Geld gut verwendet ist. Die Steinkohleförderung in Deutschland kommt einer Geldvernichtung gleich. Eine Tonne Steinkohle, an der Ruhr unter großen Mühen und Kosten aus dem Boden geholt, kostet rund 160 Euro. Aus dem Ausland lässt sie sich für rund 60 Euro herbeischaffen, weil Steinkohle dort zu erheblich niedrigeren Kosten im Tagebau gefördert werden kann. Kein Wunder also, dass rund zwei Drittel der hierzulande für die Energieerzeugung genutzten Steinkohle aus dem Ausland eingeführt wird. Der einfache Preisvergleich zeigt: Die Politik würde besser wirtschaften, bezöge Deutschland auch die hierzulande geförderten rund 26 Millionen Tonnen Steinkohle aus dem Ausland und reichte die Regierung die Ersparnis von 100 Euro je Tonne direkt an die Kumpels weiter, anstatt diese zu hohen Kosten in die Schächte einfahren zu lassen. Mit rund 65.000 Euro im Jahr sind die Subventionen je Bergmann vielfach höher als deren Lohn. Das zeigt das ganze Ausmaß der Verschwendung.

Gegen diese einfache Rechnung wird üblicherweise eingewandt, dass die Subventionen Arbeitsplätze schüfen und die Bergleute ohne Staatsgelder auf der Straße stünden. Das ist das, was man sieht. Was man nicht sieht, ist, dass Bergleute auch in anderen Branchen arbeiten können, zumal die im Steinkohlebergbau Beschäftigten vielfach hochqualifiziert sind und wenig Probleme auf dem Arbeitsmarkt haben. Selbst wenn, was höchst unwahrscheinlich wäre, nach der Streichung der Subventionen alle Bergleute dauerhaft arbeitslos würden, stiege die Arbeitslosenquote nach Berechnung der Ökonomen gerade mal um 0,09 Prozentpunkte.

Aber bringen die Steinkohlesubventionen nicht mehr wirtschaftlichen Nutzen als Arbeitsplätze für 38.000 Menschen? Das Geld sichert den Beschäftigten Einkommen, mit dem sie Güter kaufen und den Einzelhandel vor Ort zumindest mitfinanzieren. Und die Bergbauunternehmen fragen Güter und Material nach, was anderen Unternehmen ihr Auskommen sichert. Dieser Gedanke ist richtig.

Aber er ist wieder nur das, was man sieht. Was man nicht sieht, ist, dass die ausgeschütteten Subventionen nicht vom Himmel fallen, sondern von anderen bezahlt werden müssen. Durch den Verzicht auf die Steinkohlesubventionen könnten die Politiker die staatliche Neuverschuldung verringern – oder die Steuerlast um fast 2,5 Milliarden Euro senken. Alle privaten Haushalte hätten mehr Geld in der Kasse; sie würden damit ebenso konsumieren oder sparen wie die Kumpels an der Ruhr und im Saarland. Die Kaufkraft konzentrierte sich nicht auf die Steinkohleregionen, aber sie wäre vorhanden. Eine Streichung der Subventionen ruft keinen Nachfrageausfall hervor.

Die zunehmende Energienachfrage durch mächtig aufstrebende Schwellenländer wie China oder Indien, im Verbund mit den russischen Bemühungen, als Energielieferant Großmachtpolitik zu betreiben, hat ein anderes Argument für Steinkohlesubventionen an die Oberfläche der politischen Debatte gespült: die Energiesicherheit. Vor allem in den Reihen der Sozialdemokraten, die die finanziellen Staatshilfen bis weit in das kommende Jahrzehnt hinein festschreiben wollen, gewinnt das Denken Gewicht, wir müssten die verbliebenen acht Steinkohlegruben erhalten, um im Ernstfall nicht vom Ausland abhängig zu sein.

Lässt man beiseite, dass Kohlekraftwerke in Deutschland weniger als ein Viertel zur Stromerzeugung beitragen und es größere Energierisiken als die Kohleversorgung gibt, zeigt auch dieses Argument nur, was man auf den ersten Blick sieht. Was man nicht sieht, ist, dass die steigende Einfuhr von Steinkohle aus dem Ausland Deutschland nicht abhängiger macht. Im Gegenteil: Die Globalisierung hat die Energiesicherheit deutlich erhöht. Eines der wichtigsten Argumente für den global unbehinderten Warenaustausch war aus Sicht von Ökonomen schon immer, dass Freihandel die Abhängigkeit der Nachfrager von einzelnen Lieferanten im Ausland wie im Inland verringert.

Der globale Handel mit Steinkohle ist in den vergangenen Jahrzehnten rasant gewachsen. Deutschland bezieht Steinkohle aus allen fünf Kontinenten. Hunderttausende Menschen dort sind daran interessiert, Kohle auch nach Deutschland zu liefern. Es müsste sich schon die ganze Welt verschwören, bevor deutsche Kohlekraftwerke von der Zufuhr aus dem Ausland abgeschnitten würden. Dieser Fall ist höchst unwahrscheinlich – und Deutschland hätte dann auch ganz andere Sorgen als die Steinkohle.

Manuel Frondel, Rainer Kambeck, Christoph M. Schmidt: Hard Coal Subsidies: A Never-Ending Story?, Rheinisch-Westfälisches Institut für Wirtschaftsforschung, Discussion Papers Nr. 53, 2006.

Staatsfürsorge oder Samariter
Was die katholische Soziallehre und die Marktwirtschaft gemeinsam haben – und was nicht

Patrick Welter

Die Enzyklika Centesimus Annus von 1991 hat viele liberal denkende Ökonomen mit der katholischen Soziallehre ansatzweise versöhnt. Tatsächlich erinnert in der Lehrschrift von Papst Johannes Paul II. vieles an die ordnungspolitischen Überlegungen der deutschen Neoliberalen wie Walter Eucken oder Wilhelm Röpke. Ausdrücklich erkennt der Papst den Kapitalismus an, wenn damit ein Wirtschaftssystem gemeint sei, das auf „die grundlegende und positive Rolle des Unternehmens, des Marktes, des Privateigentums und der daraus folgenden Verantwortung für die Produktionsmittel, der freien Kreativität des Menschen im Bereich der Wirtschaft" abstellt. „Vielleicht wäre es passender, von ,Unternehmenswirtschaft' oder ,Marktwirtschaft' oder einfach ,freier Wirtschaft' zu sprechen", heißt es. Dies muss all jene erschrecken, die im Namen christlicher Nächstenliebe den Markt als Schauplatz eiskalter Egoismen verteufeln.

Doch haben marktwirtschaftlich-liberales Bewusstsein und katholische Soziallehre mehr gemeinsam, als es in vielen Predigten und Diskussionsrunden auf Kirchentagen zugestanden wird. Freiheitlich denkende Ökonomen sehen den Markt nicht als Ziel, sondern als Mittel zum Zweck. Sie stellen nicht den Markt, sondern den Menschen und seine Wünsche in den Vordergrund. Der größte Vorteil einer freien Marktwirtschaft ist aus dieser Sicht – im Vergleich zur staatlich gelenkten Wirtschaft – nicht die bessere Güterversorgung. Der größte Vorteil ist, dass Menschen am Markt ohne Bevormundung eigenverantwortlich ihre Ziele verfolgen können.

Auch die katholische Lehre sieht den Menschen als eigenverantwortliches Wesen, das indes aufgerufen ist, den Geboten Gottes zu folgen. Mit dem Gedanken der Subsidiarität wendet die katholische Kirche sich deshalb gegen Staatseingriffe, die die Eigenverantwortung blockieren und den Menschen seiner Würde berauben. „Wie das, was von den einzelnen Menschen auf eigene Faust und in eigener Tätigkeit vollbracht werden kann, diesen nicht entrissen und der Gemeinschaft übertragen werden darf, so ist es ein Unrecht und zugleich ein schwerer Schaden und eine Störung der rechten Ordnung, das auf eine größere und höhere Gemeinschaft zu übertragen, was von kleineren und niedrigeren Gemeinschaften erreicht und geleistet werden kann", beschreibt Pius XI. in der Enzyklika Quadragesimo anno 1931 das Subsidiaritätsprinzip. Die Kirche warnt vor einem Staat, der sich zu sehr in das Leben der Menschen einmischt. Benedikt XVI. wendet sich in der Enzyklika Deus caritas est von 2005 gegen den „totalen Versorgungsstaat, der alles an sich zieht". Johannes Paul II. lehrte 1991: „Der Wohlfahrtsstaat, der direkt eingreift und die Gesellschaft ihrer Verantwortung beraubt, löst den Verlust an menschlicher Energie und das Aufblähen des Staatsapparates aus, die mehr von bürokratischer Logik als von dem Bemühen beherrscht werden, den Empfängern zu dienen; Hand in Hand damit geht eine ungeheure Ausgabensteigerung." Liberale Ökonomen würden dies kaum anders formulieren.

Soziallehre und marktwirtschaftliches Denken stimmen dennoch in vielem nicht überein. Selbst heute hängt die Kirche noch der Verelendungstheorie aus den sechziger Jahren an, wonach die – heute Globalisierung genannte – weltwirtschaftliche Zusammenarbeit dazu führe, dass arme Länder immer ärmer und reiche Länder immer reicher würden. Dieser Befund ist in seiner Allgemeinheit theoretisch und empirisch widerlegt. Viele Menschen in Entwicklungsländern nutzen die Chance, durch die Integration in die Weltwirtschaft ihren Lebensstandard drastisch zu steigern; man blicke nur auf Hunderte Millionen Chinesen. Solche Chancen der Globalisierung erkennt die Kirche an – doch bemängelt sie pauschal, die Globalisierung führe zu mehr Ungleichheit. Ungleichheit versteht die Soziallehre dabei als „relative Ungleichheit". Nach diesem Konzept kommt es nicht darauf an, dass es den Armen besser geht, sondern ob sie im Vergleich zu den Reichen bessergestellt sind. Zu Recht kritisiert der Ökonom Philip Booth in einer Schrift des Institute of Economic Affairs, dass die Soziallehre hier Neid Vorschub leistet und einem Materialismus anheimfällt, den sie ansonsten doch aufs schärfste bekämpft.

156 Liberale Ökonomen reiben sich auch daran, dass die Kirche dem Staat in sehr unscharfer Weise die sozialstaatliche Aufgabe zuweist, Solidarität zu üben, und im Gedanken des Gemeinwohls vom individualistischen Prinzip abrückt. Leonard Liggio und Denis O'Brien erinnern in der Schrift, dass staatliche Fürsorge private Fürsorgeeinrichtungen verdrängt, obwohl diese doch dem Auftrag individueller Wohltätigkeit entsprechen. Der katholische Priester Robert Sirico stellt klar, dass echte Wohltätigkeit individuelle Wohltätigkeit ist, oder, wie Sirico es auf den Punkt bringt: Der barmherzige Samariter war kein Staatsdiener. Er handelte aus eigener Überzeugung.

Ausdrücklich gegen den Markt wendet die Kirche sich mit der Lehre vom gerechten Lohn, wonach die Arbeit so zu entlohnen sei, dass ihm „die Mittel zu Gebote stehen, um sein und den Seinigen materielles, soziales, kulturelles und spirituelles Dasein angemessen zu gestalten". Ob dies eine Aufforderung an Regierungen ist, Mindestlöhne festzulegen, ist umstritten. Vielleicht fordert die Kirche nur den Unternehmer zum gerechten Handeln auf. Doch wirft selbst diese liberale Auslegung mehr Fragen auf, als die Soziallehre beantwortet: Muss ein Familienvater mit acht Kindern, damit er für die Seinigen sorgen kann, höher entlohnt werden als ein Alleinstehender, auch wenn beide die gleiche Arbeit gleich gut leisten? Ist es schlüssig, dem Unternehmer, der einem Arbeitslosen helfen und ihn in beiderseitigem Einvernehmen zum niedrigen, „ungerechten" Lohn einstellen möchte, ein schweres Unrecht vorzuwerfen? Muss ein Unternehmer in Krisenzeiten mehr Mitarbeiter entlassen, um den Verbleibenden „gerechte Löhne" zahlen zu können?

Die Lehre vom „gerechten Lohn" ist umso erstaunlicher, als die spanischen Scholastiker schon im 16. und 17. Jahrhundert den gerechten Lohn als den Lohn erkannten, auf den sich beide Seiten freiwillig einigen. Doch die katholische Soziallehre beharrt noch heute darauf, dass die „natürliche Gerechtigkeit der Vertragsfreiheit vor- und übergeordnet" sei. Mit Marktwirtschaft hat dies nichts zu tun – und es schadet den Menschen, die bei geringer Qualifikation nur geringe Löhne verdienen können.

Päpstlicher Rat für Gerechtigkeit und Friede: Kompendium der Soziallehre der Kirche. Herder-Verlag, Freiburg 2006.

Philip Booth (Hg.): Catholic Social Teaching and the Market Economy. Institute of Economic Affairs, London 2007.

Wir wollen viele Währungen!
Der Euro hat ein Monopol aufs Geld in Europa. Das ist schädlich – wie bei jedem Monopol

Patrick Welter

Jahrzehntelang haben Politiker und viele Ökonomen der Bevölkerung eingeredet, dass bestimmte wirtschaftliche Leistungen nur vom Staat erbracht werden könnten. Jahrzehntelang haben die Menschen dafür teuer bezahlt, mit schlechtem Service, phantasielosen Angeboten und hohen Preisen. Man braucht nur die Minutenpreise für ein Telefonat nach Afrika oder in die Vereinigten Staaten vor und nach der Liberalisierung des Telefonmarktes in Deutschland zu vergleichen, um zu sehen, wie sehr die Menschen durch den wirtschaftenden Staat ausgenommen wurden. Heute muss sich kein Kunde mehr die früheren Mondpreise einer Deutschen Bundespost gefallen lassen. Der nächste Anbieter findet sich um die Ecke und demonstriert mit günstigeren Angeboten die Macht des Wettbewerbs.

Die Bevölkerung in den Industriestaaten profitiert von dem Deregulierungsschub, den Ronald Reagan in den Vereinigten Staaten und Margaret Thatcher im Vereinigten Königreich in den achtziger Jahren in Gang setzten und dem sich andere Regierungen nicht entziehen konnten. Intellektuell vorbereitet von freiheitlich denkenden Ökonomen, sind so viele ehemalige Staatsmonopole in den Wettbewerb entlassen worden. Telefonunternehmen, Eisenbahnen, Gas- und

Stromanbieter sind die offensichtlichsten Fälle, in denen die Menschen vom Bittsteller zum Kunden wurden.

In einem Bereich der wirtschaftlichen Tätigkeit des Staates indes gilt die These der Überlegenheit staatlicher Monopole nach wie vor als unantastbar: im Geldwesen. Zwar empfehlen die meisten Ökonomen spätestens seit der durch Zentralbanken inszenierten großen Inflation in den siebziger Jahren unabhängige Notenbanken, um die Geldversorgung ein für alle Mal dem schädlichen Einfluss wahlkämpfender Politiker zu entziehen. Am Zentralbankmonopol selbst aber wollen nur die wenigsten rütteln, obwohl der intellektuelle Übervater aller Ökonomen, Adam Smith, 1776 den Wettbewerb privaten Geldes empfahl. Der Gedanke, dass Wettbewerb in der Geldversorgung oder – wie es noch im 19. Jahrhundert in Deutschland hieß – die Bankfreiheit zu einem wertstabileren Geld als ein staatliches Zwangsmonopol führen könne, hat derzeit aber nur wenige Freunde.

Ein vorerst letztes Mal flackerte die Idee in Europa in den Jahren vor dem Maastricht-Vertrag auf, als um den Sinn und Unsinn einer gemeinsamen Währung gestritten wurde. Aus dem Großbritannien Thatchers kam damals der Vorschlag, die Kunstwährung Ecu zu härten und als Parallelgeld zu den nationalen Währungen in Europa umlaufen zu lassen. Im Wettbewerb hätten die Bürger so selbst prüfen und entscheiden können, ob europäisches Geld stabiler und begehrenswerter als die nationalen Währungen sei. Diese Chance hat die deutsche Regierung, ohne deren Zustimmung es nie zur Währungsunion gekommen wäre, den Europäern nicht gegeben. Als vor zehn Jahren die Europäische Zentralbank begründet wurde, war auch das Schicksal von Deutscher Mark, französischem Franc, italienischer Lira, spanischer Peseta und anderen Sorten besiegelt. Aus politischen Gründen musste der letzte Rest von Währungswettbewerb in Kontinentaleuropa dem EZB-Monopol weichen.

In gewisser Weise folgte diese Entwicklung der historischen Tradition. Am Beginn der Entwicklung des Papiergeldes stand vielfach nicht die Entscheidung von Politikern scheinbar höherer Weisheit, eine Zentralbank zu gründen, sondern der Wettbewerb von privaten Banken, die ihren Kunden noch durch Edelmetall teilgedeckte Banknoten anboten. Der Staat griff in das Geldwesen erst ein, als er erkannte, dass mit der Monopolisierung der Banknotenausgabe im Wortsinne Geld zu machen war. So erhielt etwa die Bank von England das Notenmonopol im Tausch gegen die Finanzierung von Kriegsanleihen. Gerade das Vereinigte Königreich in den Jahrzehnten vor dem Peel's Act von 1844, mit dem der exklusive Status der Bank von England endgültig festgeschrieben wurde, liefert den historischen Beleg dafür, dass der Banknotenwettbewerb sich dem Monopol als überlegen erweisen kann. Während in der ersten Hälfte des 19. Jahrhunderts in England schon die Bank von England das Sagen hatte und im Umkreis von 65 Meilen um London keine andere Bank Noten anbieten durfte, herrschte in Schottland noch blühender Wettbewerb.

Über Jahrzehnte entwickelte sich das private Geldwesen dort fast unreguliert, und die Ergebnisse können sich gerade im Vergleich zu England sehen lassen. Die privaten Branchenführer, die Bank of Scotland, die Royal Bank of Scotland und die British Linen Co., spannten ein Netz von Filialen über das Land und konkurrierten mit anderen um die Banknotenversorgung. Eine Tendenz zu einem „natürlichen Monopol", mit der Ökonomen gerne das staatliche Notenbankmonopol begründen, gab es nicht. Zwar gingen einige der kleineren privaten Banken bankrott, nachdem sie die Ausgabe ihrer Banknoten überdehnt hatten. Nur in den seltensten Fällen aber litten die Kunden darunter, in der weit überwiegenden Zahl der Fälle wurden die Noten der Pleitiers ausgezahlt oder von Konkurrenten zum Nennwert umgetauscht. Die Wirtschaftskrisen jener Jahre verkraftete die schottische Wirtschaft besser als die englische Ökonomie, die durch das instabile System der englischen Landbanken, die an der instabilen Geldversorgung durch die Bank von England hingen, geschwächt wurde. Am ersichtlichsten aber ist der Erfolg der schottischen Bankfreiheit wohl daran abzulesen, dass in manchen Gebieten Nordenglands die schottischen Banknoten als Zahlungsmittel die Noten englischer Banken verdrängten. Im Wettbewerb gewann das bessere Geld.

Trotz der in der Geschichte vielfach guten Erfahrungen hat wettbewerbliches Geld im derzeitigen intellektuellen

Klima keine Chance. Dazu trägt bei, dass die Notenbanken aus den Inflationsexzessen der siebziger Jahre gelernt haben. Auch der Europäischen Zentralbank kann man ernsthaft nicht vorwerfen, in ihren ersten zehn Jahren versagt zu haben. Als 1976 der Wirtschaftsnobelpreisträger Friedrich August von Hayek die „Entnationalisierung des Geldes" empfahl und für Konkurrenz privater Geldanbieter warb, wurde dieser Gedanke vielfach als Spinnerei abgetan. „Wir haben immer schlechtes Geld gehabt, weil private Unternehmen uns kein besseres Geld geben durften", wetterte Hayek. Damit dieser Gedanke unter Ökonomen wieder salonfähig wird, bedarf es weit höherer Inflationsraten, als die Zentralbankmonopole derzeit zulassen.

Lawrence H. White: Free Banking in Britain. London: The Institute of Economic Affairs, 1984/1995.

F. A. Hayek: Denationalisation of Money. London: The Institute of Economic Affairs, 1976/1990.

FRAUEN, MÄNNER UND EIN PAAR KINDER

Das Unglück der Frauen

Die Welt steht den Frauen heute offen.
Zufriedener hat sie das nicht gemacht

Claus Tigges

Es stimmt schon: Wenn Ökonomen über das Wohlergehen der Menschen sprechen, dann klingt das häufig sehr abstrakt. Von „Nutzen" ist vielfach die Rede, die Mann oder Frau aus dem Konsum eines bestimmten Gutes oder auch aus der Ausübung einer bestimmten Tätigkeit ziehe. Formalisiert wird dieser „Nutzen" in Gestalt von mathematischen Formeln, die meist die Eigenschaft eines „abnehmenden Grenznutzens" besitzen. Dahinter verbirgt sich die durchaus plausible Annahme, dass der Nutzen, den ein Gut stiftet, mit der konsumierten Menge in der Regel abnimmt. Der Durstige beispielsweise, der nach tagelanger Wanderung durch die Wüste an eine Oase gelangt, hat vom ersten Becher Wasser gewiss mehr als vom zehnten Becher.

So weit, so gut. Eine größer werdende Schar von Ökonomen gibt sich mit derlei Analysen nicht mehr zufrieden. Statt für den bloßen Nutzen interessieren sich die Wissenschaftler vielmehr für das, was vermeintlich die meisten Menschen antreibt: das Streben nach Glück. Diese ökonomische Erforschung des Glücks fördert interessante und zugleich aufschlussreiche Ergebnisse zutage. Zwei neue Arbeiten, eine vom Princeton-Ökonom Alan Krueger, die andere von Betsey Stevenson und Justin Wolfers von der Universität von Pennsylvania, kommen zu einem ähnlichen, durchaus bedrückenden Schluss: Zwischen Männern und Frauen, nicht nur in Amerika, sondern auch in Europa, klafft eine Glückslücke. Und sie ist in den vergangenen Jahrzehnten ein Stück größer geworden.

Krueger stützt sich in seiner Analyse, die demnächst in der Reihe „Brookings Papers on Economic Activity" veröffentlicht wird, auf Umfragen darüber, wie Menschen ihre Zeit verbringen, und wie sie sich dabei jeweils fühlen. Sechs Kategorien hatten die Befragten zur Auswahl, um ihre Gefühle zu beschreiben: interessiert, gestresst, glücklich, müde, traurig, schmerzerfüllt. „Verbringen die Leute heutzutage mehr Zeit mit Dingen, die sie erfreuen, als frühere Generationen?", lautet Kruegers Ausgangsfrage. Die Antwort darauf, sagt der Ökonom, sei für das Verständnis von wirtschaftlichem und sozialem Fortschritt von größter Bedeutung, und führt ein Beispiel an: Frauen im erwerbsfähigen Alter verbringen heutzutage viel mehr Zeit als Mitte der sechziger Jahre damit, einer bezahlten Arbeit nachzugehen, fernzusehen und für andere Erwachsene (pflegebedürftige Eltern) zu sorgen. Auf der anderen Seite kochen, putzen und lesen sie weniger als früher. „Bedeutet das nun, dass es Frauen jetzt bessergeht als damals?", fragt Krueger.

Bevor er die Antwort darauf gibt, referiert er weitere Ergebnisse der Umfrage: Die Zeit, die mit den meist als lästig empfundenen Haushaltspflichten verbracht wird, ist über die vergangenen 40 Jahre geringer geworden, und zwar zugunsten von „neutralen Freizeitaktivitäten" wie fernsehen. Unter dem Strich sei in der gesamten Bevölkerung aber keine nennenswerte Verschiebung von unerfreulichen zu erfreulichen Tätigkeiten oder auch umgekehrt zu verzeichnen.

Ein anderes Bild ergibt sich nach Krueger, wenn man Männer und Frauen getrennt betrachtet: Männer haben im Laufe der Zeit die Tätigkeiten, die sie als mehr oder weniger unangenehm empfinden, vor allem die Arbeit, zurückgeschraubt. Dafür verbringen sie mehr Zeit mit „ausruhen, entspannen, nichts tun". Frauen hingegen haben zwar weniger mit der Hausarbeit zu tun, gehen dafür aber in stärkerem Maße einer bezahlten Arbeit nach. Darum verbringen sie heutzutage ungefähr ebenso viel Zeit mit ihrer Ansicht nach unangenehmen Tätigkeiten wie Frauen Mitte der sechziger Jahre. Vor 40 Jahren entfielen bei Frauen durchschnittlich rund 23 Stunden in der Woche auf „unerfreuliche" Dinge, rund 40 Minuten mehr als bei Männern. Heutzutage beträgt der Unterschied 90 Minuten – mehr als das Doppelte.

Es zeigt sich aber auch, dass Frauen und Männer ein und dieselbe Tätigkeit durchaus unterschiedlich beurteilen. Männer beispielsweise verbringen offenbar gerne Zeit mit ihren Eltern, während Frauen die gemeinsame Zeit mit Mutter und Vater sogar noch als ein wenig unerfreulicher empfinden als Wäschewaschen.

Ganz ähnlich ist die Beobachtung, die Stevenson und Wolfers gemacht haben. „Zwei Tatsachen stehen sich gegenüber: Das Leben der Frauen hat sich, gemessen an einer Reihe objektiver Maßstäbe, in den vergangenen 35 Jahren außerordentlich verbessert. Auf der anderen Seite schätzen Frauen den Grad ihres Wohlbefindens heutzutage schlechter ein, und zwar sowohl absolut als auch im Verhältnis zu Männern", schreiben die beiden Ökonomen in ihrem bisher unveröffentlichten Arbeitspapier.

Zu den objektiven Indikatoren zählen Stevenson und Wolfers die geringer gewordene Lohn- und Gehaltskluft zwischen Männern und Frauen, das Bildungsniveau der Frauen, das in einigen Altersgruppen das der Männer inzwischen übertrifft, die Geburtenkontrolle und moderne Haushaltsgeräte, die die Arbeit im Haushalt erleichtern. „Der Anstieg der Löhne hat nicht nur die Position der Frauen auf dem Arbeitsmarkt gestärkt, er hat auch ihre wirtschaftlichen Chancen außerhalb der Ehe verbessert."

Die beiden Ökonomen vermuten, dass die Ursache des schwächer ausgeprägten Glücksgefühls unter Frauen heutzutage damit zusammenhängen könnte, dass die Ansprüche vieler Frauen noch schneller gestiegen sind, als sich ihre tatsächliche Situation verbessert hat. Eine größere Gleichheit zwischen Männern und Frauen könne das Empfinden von Glück negativ beeinflussen, weil Frauen dann auch den Lebensstandard von Männern zum Maßstab nähmen und sich nicht mehr ausschließlich mit anderen Frauen verglichen. „Frauen sehen sich relativ schlechter dastehen, als wenn ihre Vergleichsgruppe nur Frauen einschlösse", meinen die Wissenschaftler. Insofern sei es durchaus möglich, dass die Frauenrechtsbewegung der vergangenen Jahrzehnte auch dazu beigetragen hat, dass Frauen zwar wirtschaftlich bessergestellt, aber dennoch weniger glücklich sind: „Womöglich ist die Wahrscheinlichkeit nun größer, dass Frauen mit ihrem Leben unzufrieden sind."

Alle drei Ökonomen sind sich der Grenzen wohl bewusst, die ihrer Arbeit gesetzt sind. Das Gefühl des Glücks ist ein subjektives, und unterschiedliche Menschen reagieren mitunter ganz unterschiedlich auf ein und denselben Einfluss. Außerdem können sich auch die Vorlieben und Abneigungen der Menschen über die Zeit durchaus ändern. „Es ist eine große Herausforderung, die Gründe für das gesunkene Glücksempfinden von Frauen besser verstehen zu wollen", schreiben Stevenson und Wolfers, die nicht nur zusammen arbeiten, sondern auch miteinander leben.

Alan B. Krueger: „Are We Having More Fun Yet? Categorizing and Evaluating Changes in Time Allocation", erscheint demnächst in Brookings Papers on Economic Activity.

Betsey Stevenson und Justin Wolfers: „The Paradox of Declining Female Happiness", unveröffentlichtes Manuskript, im Internet unter http://bpp.wharton.upenn.edu/jwolfers/research.shtml.

Kind, geh doch zur Schule!

Prestige, Gesundheit und eine gute Ehe:
Wer sich bildet, hat nicht nur finanzielle Vorteile

Lisa Nienhaus

Welche Mutter hat ihre Tochter nicht zur Einschulung gemahnt: Lerne bloß, damit aus dir einmal etwas wird! Trotzdem gibt es immer noch viele Jugendliche, die die Schule ohne Abschluss verlassen. In New York gibt es seit zwei Jahren eine spektakuläre Initiative dagegen. Dort zahlt eine Stiftung Familien und Kindern aus benachteiligten Elternhäusern Geld dafür, dass sie bestimmte Dinge tun, die eigentlich gut für sie wären, die sie aber oft unterlassen. Zum Beispiel zur Schule gehen oder Klassenarbeiten bestehen. 25 US-Dollar erhält eine Familie pro Monat, wenn ihr Kind die Grundschule regelmäßig besucht. 50 US-Dollar, wenn es das Gleiche auf der High School tut. Finanziert wird das Ganze aus privaten Mitteln, Verschwendung von Steuergeldern kann man also nicht beklagen. Trotzdem irritiert das Projekt. Hier würden Familien bestochen statt überzeugt, beklagen manche.

Dabei ist es gar nicht so schwierig, überzeugende Argumente für einen Schulbesuch zu finden. Ökonomen wissen das schon lange. Nach ihren Ergebnissen ist es zweifellos für jeden Menschen vorteilhaft, sich so lange in Schule und Universität zu bilden, wie es irgend möglich ist. Das gilt unabhängig davon, ob jemand besonders klug ist oder nicht und auch unabhängig vom Geldbeutel der Eltern. Es ist sogar so, dass gerade Kinder aus ärmeren Haushalten von jedem zusätzlichen Jahr, das sie in der Lehranstalt verbringen, profitieren.

Der am besten erforschte Vorteil des Schulbesuchs ist Geld. Wer länger lernt, verdient später mehr. Ein zusätzliches Jahr auf der High School oder dem College erhöht das Einkommen eines Amerikaners im Durchschnitt um 7 bis 12 Prozent. Dies hängt nicht nur damit zusammen, dass in der Schule die Besten ausgesiebt werden, die dann später, entsprechend ihren Fähigkeiten, am meisten verdienen. In Zwillingsstudien wurde vielmehr gezeigt, dass die Schulzeit an sich einen Effekt hat. Selbst bei identischen genetischen und familiären Voraussetzungen (etwa bei eineiigen Zwillingen) verdient der besser Gebildete mehr.

Das ist jedoch nur ein Aspekt. „Geld ist nicht alles", schreiben etwa Philip Oreopoulos von der Universität Toronto und Kjell Salvanes von der Norwegischen Handelshochschule in Bergen. Sie haben zusammengetragen, welche sonstigen Auswirkungen Bildung auf das spätere Leben hat – mit erstaunlich eindeutigen Ergebnissen. So führt ein längerer Schulbesuch dazu, dass man eine Arbeit bekommt, die mehr Prestige hat, mehr Autonomie bietet, mehr Gelegenheit zu sozialer Interaktion, mehr Anerkennung und bessere Arbeitsbedingungen. Gut gebildete Menschen sind mit ihrer Stelle im Durchschnitt zufriedener. Außerdem werden sie seltener arbeitslos.

Dazu kommen Vorteile, die nichts mit dem Arbeitsplatz zu tun haben. So sind Gebildete gesünder und seltener in psychiatrischer Behandlung. Jedes zusätzliche Schuljahr macht sie attraktiver für das andere Geschlecht. Sie lassen sich seltener scheiden, sind weniger kriminell und werden seltener schon als Teenager Eltern. Wenn sie Kinder bekommen, dann sind diese gesünder, besser integriert, besser in der Schule und bekommen bessere Jobs als die Kinder der Menschen, die kürzer zur Schule gegangen sind.

Und wer jetzt denkt, dass die Gebildeten für diese Vorteile einen hohen Preis zahlen, nämlich mehr Stress am Arbeitsplatz, der irrt sich gewaltig. Zwar müssen besser gebildete (und damit auch besser bezahlte) Arbeitnehmer mehr Verantwortung übernehmen, mehr reisen und mehr Einsatz zeigen, doch offenbar können sie das gut verarbeiten. Bei ihnen fanden sich in einer Studie nicht mehr Stresshormone als bei weniger qualifizierten Arbeitnehmern, sondern weniger. Universitätsabsolventen geben zudem deutlich seltener an, dass sie sich gehetzt fühlen, als High-School-Absolventen. Bisher vermuteten Ökonomen, dass die Zufriedenheit der Qualifizierten vor allem eine Folge ihres höheren Einkommens ist. Oreopoulos und Salvanes kommen zu anderen Ergebnissen. Sie vergleichen gut und schlecht Gebildete, die später ein ähnlich hohes Einkommen haben, und finden heraus: Die Qualifizierten sind auch bei identischem Verdienst seltener krank, weniger kriminell, zufriedener mit ihrem Leben, lassen sich seltener scheiden und fühlen sich seltener gestresst. Bildung beeinflusst das Leben also per se, nicht nur über den höheren Verdienst.

Und schließlich hat auch die Gesellschaft etwas davon, wenn mehr Menschen einen Schulabschluss machen oder studieren. Das zeigt unter anderem Enrico Moretti, Ökonom an der Universität von Kalifornien. Er vergleicht Städte, in denen das Bildungsniveau unterschiedlich hoch ist, und findet heraus: Eine gute durchschnittliche Bildung beeinflusst alle Menschen, die in einer Stadt leben – egal, ob sie zu den fleißigen Schülern gehören oder nicht. So steigert ein hohes Bildungsniveau in einer Region nicht nur das Durchschnittseinkommen der Gebildeten, sondern auch die Einkommen aller schlechter ausgebildeten Menschen.

Bei all diesen Vorteilen erscheint es verwunderlich, dass es immer noch Menschen gibt, die die Schule freiwillig früh verlassen. Lange vermuteten Ökonomen, dass eben nicht alle Menschen gleich begabt sind, dass also der Schulbesuch für die Menschen unterschiedlich hohe Kosten und Nutzen hat. Angesichts der überwältigenden Vorteile einer langen Ausbildung halten Oreopoulos und Salvanes dieses Argument allerdings nicht mehr für stichhaltig. Sie sehen zwei andere Gründe: Erstens, Familien mit geringem Einkommen haben womöglich finanzielle Hürden zu überwinden. Zweitens, viele Schüler und Studenten sind womöglich zu kurzsichtig, um die langfristigen Chancen einer guten Ausbildung zu erkennen.

Beim ersten Punkt gibt es in fast allen Ländern der Welt Hilfe, etwa, indem der Schulbesuch kostenlos ist. Den zweiten versuchen die Eltern selbst in den Griff zu bekommen – indem sie loben, motivieren und tadeln. Die New Yorker Initiative ist ein weiterer Schritt in diese Richtung, ein interessantes soziales Experiment, gegen das nichts einzuwenden ist, solange es privat finanziert wird. Ob es aber etwas bringt, muss erst noch erforscht werden.

Philip Oreopoulos und Kjell G. Salvanes: „How Large are Returns to Schooling? Hint: Money isn't Everything", NBER Working Paper 15339, September 2009: http://www.nber.org/papers/w15339.

War Martin Luther ein Frauenrechtler?

Protestantische Frauen haben bessere Bildungschancen – denn sie mussten die Bibel lesen

Werner Mussler

Martin Luther hat bekanntlich einen soliden Ruf als übler Chauvi. Seine frauenfeindlichen Sprüche werden allenthalben zitiert. „Die größte Ehre, die das Weib hat, ist allzumal, dass die Männer durch sie geboren werden", tönte der Reformator etwa – oder: „Es ist den Weibern von der Mutter Eva angeboren, dass sie sich äffen und trügen lassen." Es lässt sich heute schlecht rekonstruieren, ob Luther diesen schlechten Ruf zu Recht hat. Die Bildungsökonomen Sascha Becker und Ludger Wößmann haben ihn jetzt jedenfalls relativiert – indem sie Luther als frühen Vorkämpfer der Gleichberechtigung bezeichnen, jedenfalls auf einem speziellen Feld, der schulischen Ausbildung.

Aufbauend auf einem früheren Befund – dass nämlich der protestantische Glaube wegen der von ihm ausgehenden Pflicht zur Bibellektüre auf Deutsch für mehr Bildung gesorgt habe als der Katholizismus – gehen Becker und Wößmann der Frage nach, ob die Religionszugehörigkeit auch Einfluss hat auf das Ausmaß des „Gender Gap" in der Schulausbildung. Damit ist der Vorteil gemeint, den Jungen in der Schulausbildung gegenüber Mädchen genießen. Vor allem die „höhere" schulische Bildung, die vom Mittelalter an vermittelt wurde, war lange Zeit eine ausschließliche Domäne der Jungen, in Klosterschulen und später in Gymnasien.

Becker und Wößmann argumentieren, belegt mit reichlich empirischem Material, Luther habe den Grundstein dafür gelegt, dass sich diese Ungleichbehandlung (spätestens) im 19. Jahrhundert dort abgeschwächt habe, wo der Protestantismus dominierte. Denn der Reformator habe nicht nur von allen Gläubigen das Bibelstudium auf Deutsch gefordert, sondern sich auch darum bemüht, dass Jungen und Mädchen gleichermaßen die Möglichkeit erhalten, lesen zu lernen. 1520 schrieb Luther: „Vor allen Dingen sollte in den hohen und niederen Schulen die vornehmste und allgemeinste Lektion sein die Heilige Schrift und den jungen Knaben das Evangelium. Und wollte Gott, eine jegliche Stadt hätte auch eine Mädchenschule, darinnen täglich die Mägdlein eine Stunde das Evangelium hörten. Sollte nicht billig ein jeglicher Christenmensch bei seinen neun oder zehn Jahren wissen das ganze heilige Evangelium?"

Luthers Werben für die Bibellektüre und Schulen auch für Mädchen hatte, so die Grundthese der beiden Ökonomen, langfristige Auswirkungen auf die Bildungsunterschiede zwischen den Geschlechtern in Europa. Sie konstatieren jedenfalls nicht nur ein höheres Bildungsniveau in protestantischen Ländern, sondern auch eine stärkere „Gleichverteilung" der Bildung zwischen Mann und Frau in diesen Ländern. Generell sei bis heute der „Gender Parity Index" (GPI), der diese Gleichverteilung abbildet, in protestantischen Ländern (etwa in Skandinavien, den Niederlanden und in Großbritannien) höher, während die Bildungsunterschiede in katholischen Ländern wie Portugal, Österreich und Spanien (oder im orthodoxen Griechenland) deutlich größer seien.

Aber können diese Unterschiede nicht auch durch andere Faktoren bedingt sein, etwa durch die unterschiedliche wirtschaftliche Entwicklung? Und wie passt es, dass der Index im katholischen Irland besonders hoch ist? Becker und Wößmann versuchen, diese Fragen dadurch zu umgehen, dass sie ihre empirische Untersuchung auf das Preußen des 19. Jahrhunderts konzentrieren, das zu großen Teilen protestantisch ist, sieht man vom Rheinland und Westfalen im Westen und Schlesien im Osten ab. Als Daten stehen ihnen die Ergebnisse einer Volkszählung von 1816 zur Verfügung. Ein erstes Ergebnis aus dieser Zeit lautet: Je höher der Anteil der Protestanten an der Bevölkerung, desto mehr Mädchen gehen in eine (Primar-)Schule.

Außerdem prüfen die Ökonomen, wie sich die „Gleichverteilung" der Bildung im Verlauf des 19. Jahrhunderts entwickelt hat. In den Primarschulen hat sie sich noch verbessert: Der GPI – er bildet den Quotienten der Schuljahre für Mädchen und für Jungen – stieg von 1816 und 1864 von 0,92 auf 0,98. Damit gingen zu diesem Zeitpunkt praktisch gleich viele Jungen und Mädchen in eine Schule. Ganz anders sieht es mit den weiterführenden Schulen aus. Da war nicht nur schon 1816 eine klare Ungleichverteilung zu registrieren – der Quotient lag unter 0,5 –, bis 1864 verstärkte sich die Bevorzugung der Jungen sogar noch; sie erhielten zu diesem Zeitpunkt fast dreimal so viel Sekundarschulunterricht wie die Mädchen.

Dass es trotz dieser (gerade in den weiterführenden Schulen) wenig ermutigenden Entwicklung so etwas wie einen „Luther-Effekt" gab, wollen Becker und Wößmann vor allem durch eine andere Beobachtung belegt wissen. Demnach war die Lesefähigkeit (als mögliches Maß für Bildung) in Preußen um 1870 je nach Region (und ergo nach Religionszugehörigkeit) unterschiedlich ausgeprägt. Dabei überwog der konfessionelle Vorteil den der Geschlechtszugehörigkeit: Protestantische Frauen konnten besser lesen als katholische Männer.

Nach dem Urteil Beckers und Wößmanns lassen sich noch in Nachkriegsdeutschland Bildungsunterschiede zwischen protestantischen und katholischen Frauen nachweisen. So seien anfangs der fünfziger Jahre rund 60 Prozent der Studentinnen protestantisch gewesen, obwohl der protestantische Anteil an der gesamten weiblichen Bevölkerung nur rund 50 Prozent betrug. Bei den Männern gab es solche Abweichungen nicht.

Aber lassen sich all diese Vorteile wirklich auf den Vater der Reformation zurückführen? Der hat schließlich auch gesagt: „Männer haben ein breite Brust und kleine Hüften, darum haben sie auch mehr Verstandes denn die Weiber, welche enge Brüste haben und breite Hüften und Gesäß, dass sie sollen daheim bleiben, im Hause still sitzen, haushalten, Kinder tragen und ziehen."

Sascha O. Becker, Ludger Wößmann: Luther and the Girls: Religious Denomination and the Female Education Gap in 19th Century Prussia, Scandinavian Journal of Economics 110 (2008), S. 777–808.

Wer ist der Schönste im ganzen Land?

Im Wahlkampf spielt das Aussehen keine dominante, aber doch eine entscheidende Rolle

Karen Horn

Monika Maron hat es einst auf den Punkt gebracht: Frauen im Westen haben Frisuren, Frauen im Osten Haare. „Wer über Jahrzehnte seine halbe Lebenskraft gebraucht hat, sich als Person zu behaupten und sein Gesicht zu wahren, empfindet vielleicht weniger Lust an der Verkleidung als an seinem Sosein und beharrt auf seiner schmucklosen Haartracht und seinem angeborenen Gesicht wie auf seinen Charakter", erklärte die Schriftstellerin, indem sie das politische Talent Angela Merkel gegen die verbreitete Kritik an puren Äußerlichkeiten in Schutz nahm. In der DDR habe es immer gegolten, die heikle Balance zwischen Selbstbewahrung und Anpassung zu finden.

Heute ist Angela Merkel Bundeskanzlerin, und sie hat sich selbst innerlich erfolgreich bewahrt – und das sogar so weit, dass sie sich souverän mit Blick auf ihr Äußeres beraten ließ. Unter Marketinggesichtspunkten war das offensichtlich eine lohnende Entscheidung. Ein Team von drei Ökonomen aus Skandinavien hat jetzt auch empirisch gezeigt, dass im politischen Prozess das Aussehen tatsächlich eine Rolle spielt – ähnlich wie auf dem Arbeitsmarkt, wo sich Lohnzuschläge von 10 bis 15 Prozent für gutaussehende Menschen nachweisen lassen.

Wie Niclas Berggren, Henrik Jordahl und Panu Poutvaara herausgefunden haben, gibt die äußerliche Attraktivität oft den letztlichen Ausschlag für eine Wahlentscheidung. Die Notwendigkeit, optische Vorteile zu nutzen, erklärt, warum gerade knappe Wahlkämpfe stark personalisiert sind und die Parteiprogramme oftmals in den Hintergrund rücken – wie 2007 in Frankreich, wo das konkrete Wahlprogramm der ob ihrer Schönheit gefeierten sozialistischen Präsidentschaftskandidatin Ségolène Royal auf sich warten ließ.

Nach Berggren, Jordahl und Poutvaara ist der Anerkennungszuschlag, den relativ gutaussehende Politiker einheimsen können, in der Regel bei weiblichen Kandidaten größer als bei männlichen. Für ihre Untersuchung haben die drei Ökonomen eine Umfrage unter knapp 2.800 Personen aus verschiedenen Ländern (außer Finnland) und verschiedenen Lebensumfeldern veranstaltet. Die Befragten bekamen knapp 2.000 Fotos von realen, aber anonymisierten finnischen Politikern (die eine Hälfte Männer, die andere Hälfte Frauen) vorgelegt und bewerteten diese entlang einer Skala von 1 bis 5 in Bezug auf den optischen Eindruck von Schönheit, Kompetenz, Intelligenz, Liebenswürdigkeit und Vertrauenswürdigkeit. Die Ergebnisse wurden dann ökonometrisch in Bezug gesetzt zu den tatsächlichen Wahlergebnissen in Finnland.

Zudem fragten die Wissenschaftler ihre internationalen Umfrageteilnehmer auch noch nach der hypothetischen Wahl, falls sie sich zwischen den Kandidaten zu entscheiden hätten. Diese Methode hat zutage gefördert, dass Menschen, wenn man sie danach fragt, zwar durchaus nicht zugeben mögen, wie stark der optische Eindruck für sie zählt: In den hypothetischen Wahlen rangiert die Bedeutung von Kompetenz und Vertrauenswürdigkeit klar vor der Attraktivität. In den tatsächlichen Wahlen jedoch erweist sich der konkrete Wahlerfolg als stärker mit dem Aussehen korreliert denn mit jeder anderen einzelnen Eigenschaft. Dabei spielt die Schönheit eine um so größere Rolle, je weniger nahe der Bürger den Kandidaten im Alltag erleben kann, das heißt, das Aussehen ist in nationalen Wahlen wichtiger als in lokalen oder regionalen. Gänzlich dominant in der vielschichtigen Wahlentscheidung ist allerdings auch die Schönheit nicht.

Man mag fragen: Was hat das alles mit Ökonomie zu tun? Vordergründig wenig, hintergründig aber eine Menge. Denn seit einigen Jahrzehnten hat sich die ökonomische Disziplin von reinen Geldfragen weg und dafür in eine Richtung bewegt, in der sie nicht nur mit einem umfassenden sozialwissenschaftlichen Interesse auftritt, sondern in der sie auch zunehmend mit konkreten Laborexperimenten den verborgenen Wegen der menschlichen Entscheidungsfindung auf der Spur ist. Zudem ist sie mit einem ausgereiften mathematischen („ökonometrischen") Analyseinstrumentarium versehen, das einigermaßen zuverlässig erlaubt, Zusammenhänge zwischen verschiedenen Variablen zu bestimmen.

Bemerkenswert ist auch das unterschiedliche Wahlverhalten von Männern und Frauen, das die skandinavischen Autoren in ihrer Studie aufgedeckt haben: In der hypothetischen Wahlsituation der Umfrage zeigen Frauen eine grundsätzlich stärkere Neigung zu weiblichen Kandidaten; Männer stimmen gleich häufig für Männer wie für Frauen. Im Durchschnitt halten Männer männliche Kandidaten für intelligenter und kompetenter als weibliche Kandidaten, die sie umgekehrt als schöner, liebenswerter und vertrauenswürdiger empfinden.

Das Muster, nach dem Frauen tendenziell für Frauen stimmen und nach dem sich Investitionen in das eigene Aussehen für Frauen in besonderer Weise lohnen, hat sich auch in der Bundestagswahl bewahrheitet. Für die Union mit ihrer Spitzenkandidatin Angela Merkel stimmten im September 2005 insgesamt 35,2 Prozent der Stimmbürger; 34,8 Prozent der Männer und 35,6 Prozent der Frauen. Bei der Wahl 2002 indes schnitt die Union mit Edmund Stoiber als Spitzenkandidat bei den Frauen weniger gut ab (37,8 Prozent) als bei den Männern (39,2 Prozent). Es ist wohl so – Frauen genießen einen Bonus. Gerade bei Frauen.

Niclas Berggren/Henrik Jordahl/Panu Poutvaara: The Looks of a Winner: Beauty, Gender and Electoral Success. IZA Discussion Paper No. 2311, September 2006, Bonn.

Wie stopft man die hungrigen Mäuler?

Ein Blick in Vogelnester lehrt:
Schreien führt zur Fehlallokation

Hanno Beck

Wenn Georg Nöldeke Menschen erzählt, was er macht, erntet er zumeist Unverständnis: Wozu braucht es denn theoretische Ökonomen, die sich mit Formelgräbern, pittoresken Grafiken und unverständlichen Theoremen herumschlagen? Und wenn Nöldeke dann noch erzählt, dass er für seine Forschungszwecke über Vögel und deren Nachwuchs nachdenkt, wächst das Unverständnis weiter – ein Ökonom, der in Vogelnester schaut?

Dabei hat Nöldeke spannende Geschichten zu erzählen: Er importiert das Instrumentarium der Ökonomen in die Welt der Verhaltensbiologen und umgekehrt. Mit Erfolg: So wurde ihm kürzlich vom Verein für Socialpolitik der Gossen-Preis verliehen, den es dafür gibt, dass man oft von anderen Autoren zitiert wird. In ihrer Arbeit über das Bettelverhalten verwenden Nöldeke und sein Koautor Larry Samuelson die Methoden des sogenannten Mechanism Design, für die 2007 der Nobelpreis vergeben wurde. Womit beschäftigt sich also so ein verhaltensbiologisch inspirierter Ökonom?

Stellen Sie sich dazu einen Vogel vor, der zwei Nachkommen zu versorgen hat. Das Problem der Jungvögel: Sie müssen ihren Eltern klarmachen, wann sie Hunger haben. Das tun sie auf die gleiche Art wie alle Kinder: Sie machen sich lautstark bemerkbar. Das Schreien der Küken wird von den Eltern als Signal interpretiert und beantwortet, indem sie die Kinder füttern. Dabei tritt ein informationstheoretisches Problem auf: Wenn dieses Signal bei den Küken keine Kosten verursacht, aber zur Folge hat, dass viel Futter herbeigeschafft wird, haben sie einen Anreiz, zu viel zu schreien. Weil das Signal für die Küken kostenlos ist, wird es verzerrt und gibt nicht mehr deren wahre Bedürftigkeit wider. Für die Eltern ist das ein Problem: Sie wollen zwar ihren Kindern die notwendige Menge an Futter liefern, doch die Futterbeschaffung ist mühsam und verursacht Kosten. Sie wollen also nicht zu viel füttern. Wenn sie aber vermuten, dass das Signal der Kinder – deren Geschrei – übertrieben ist, weil es nichts kostet, können sie es nicht mehr korrekt interpretieren. Dann bliebe ihnen nur noch die Lösung, einfach das zu füttern, was sie im Durchschnitt für richtig halten, und das Gekrähe komplett zu ignorieren. Das birgt aber die Gefahr, dass die Eltern nicht mehr mitbekommen, wenn das Signal der Kinder auf echte Not hinweist und mehr Einsatz erfordert.

Das Problem ist klar: Grundsätzlich wollen beide Parteien (Eltern und Kinder), dass die Signale der Kinder funktionieren. Solange aber die Eltern nicht unbegrenzt Futter herbeischaffen können, ökonomisch gesprochen also einer Budgetrestriktion unterliegen, muss ein Mechanismus gefunden werden, der das Signal der Kinder glaubhaft macht. Eine einfache Lösung für dieses Problem ist, dass das Signal der Kinder etwas kosten muss: Sobald die Kinder für ihr Gekrähe zahlen müssen – beispielsweise in Form von physischer Mühe oder aber in Form größerer Gefahr, wegen des lauten Geschreis von Feinden entdeckt zu werden –, verschwindet der Anreiz, ohne Anlass zu schreien. Dann können die Eltern das Signal korrekt interpretieren. Das Ergebnis von Nödelkes Überlegungen ist, dass die Kosten der Kinder, ein Signal auszusenden, in proportionaler Höhe zu den Kosten der Eltern stehen müssen, die Ressourcen für die Kinder zu beschaffen. Je teurer es also für die Eltern ist, Futter zu beschaffen, umso teurer muss es für die Kinder sein, nach Futter zu schreien. Der innerfamiliäre Verteilungskonflikt um die knappen Ressourcen spielt dabei eine wichtige Rolle: Wenn die Kinder vollständige Interessenkongruenz mit ihren Eltern hätten, würden sie auch ohne Kosten stets korrekte Signale senden; und wenn die Kosten für die Fütterung null wären, könnten die Eltern ohne Unterlass füttern.

Doch damit ist das Problem des schreienden Kükens nicht zu Ende. Normalerweise sollte man nun davon ausgehen, dass die Eltern erst abwarten, um die Signale ihrer Küken in Ruhe zu interpretieren, und dann füttern. Doch das kann unter Umständen teuer werden: Wer zu lange mit der Fütterung wartet, riskiert, nicht rasch genug auf Notfälle zu reagieren, was zu massiven Kosten führen kann. Deswegen ist eine optimale Lösung dieses Problems, mit einem Teil des Futters zuerst zu gleichen Teilen die hungrigen Mäuler zu stopfen, und dann erst in der zweiten Runde das Futter entsprechend der von den Kindern ausgesendeten Signale zu verteilen.

Ein scheinbar banales Problem, das sich aber in vielen ökonomischen Zusammenhängen wiederfindet. Solche Informationsprobleme treten in vielen Märkten mit asymmetrischer (ungleicher) Information auf, beispielsweise auf Versicherungsmärkten oder bei Auktionen.

Bei der Frage des Vogelverhaltens profitieren also die Biologen ein wenig von den Erkenntnissen der Ökonomen. Doch der Wissenstransfer geht auch in die andere Richtung: „Aus der Biologie lernen wir, wie Präferenzen der Menschen im Laufe der Evolution entstehen", sagt Nöldeke und stößt damit ein Tor auf zu wichtigen Erkenntnissen für die Ökonomen. Statt wie bisher einfach bestimmte Präferenzen für ihre Modelle anzunehmen – oft mit dem Hintergedanken, sich die Rechnerei nicht zu schwer zu machen –, bieten die Biologen ihnen die Möglichkeit, etwas über die wahren Vorlieben der Menschen herauszufinden. Eine Aufgabe, die den Ökonomen wohl noch schwerer fällt als manchen armen Eltern, die vom Gekrähe ihrer Kinder genervt werden.

Georg Nöldeke; Larry Samuelson: How costly is the honest signaling of need?, in: Journal of theoretical Biology, Vol. 197 (1999), pp. 527–539.

Die Verstaatlichung der Kinder

Wir zahlen 100 Milliarden für die Familienpolitik.
Das bringt nichts. Es schadet sogar

Philip Plickert

Deutschland ist ein armes Land – arm an Nachwuchs. Mit einer Geburtenrate von etwa 1,3 Kindern je Frau liegt Deutschland auf dem 180. Platz einer Rangliste von 191 Ländern der Welt. Das war das Ergebnis einer Studie vor vier Jahren, und seitdem ist die Geburtenrate nicht gestiegen – trotz aller neuen Sozialleistungen und staatlichen Angebote für Eltern. Einen dreistelligen Milliardenbetrag gibt der Staat jährlich für familienbezogene Leistungen aus. Je nachdem, welche Haushaltsposten man dazuzählt, kommt man auf 185 Milliarden Euro (so die Rechnung von Finanzminister Steinbrück), 240 Milliarden Euro (Studie des Instituts für Weltwirtschaft), 100 Milliarden Euro (Auskunft der Bundesregierung vor zwei Jahren). Und trotz dieser Förderung werden immer weniger Familien gegründet und etwa ein Drittel zu wenig Kinder geboren, um die Bevölkerungszahl konstant zu halten.

Der im späten 19. Jahrhundert beginnende Fall der Geburtenraten hat schon früh Ökonomen beschäftigt. Um 1900 bekamen Frauen in Deutschland durchschnittlich etwa fünf Kinder, doch war eine stark sinkende Tendenz erkennbar. Lujo Brentano, ein sozialreformerischer Ökonom, verwarf daher 1909 die malthusianische Theorie, wonach die Menschen – ihrem Geschlechtstrieb folgend – sich exponentiell vermehren. Brentano sagte voraus, dass mit zunehmendem Wohlstand der Zeugungswille abnehmen werde. Er sah, dass die Zahl der Ehen sank und mehr Frauen eine Arbeit außerhalb des Hauses aufnahmen. Zudem erkannte er eine zunehmende „Konkurrenz der Genüsse" für die Frau, die folglich weniger Kinder haben wolle.

Damit war in Grundzügen schon beschrieben, dass die Entscheidung für oder gegen Kinder auch auf einem „Kosten-Nutzen-Kalkül" beruht. Vor gut 50 Jahren hat sich eine explizite Wissenschaft namens „Economics of the Family" etabliert, als deren Pionier vor allem Gary Becker Großes geleistet hat. Sie kann plausible Gründe für die sinkende Zahl von Kindern anführen: Die Kosten für den Unterhalt und die Erziehung eines Kindes sind enorm gestiegen – nicht nur die direkten Kosten wegen steigender Ansprüche und immer teurerer und längerer Schulausbildung, sondern auch die indirekten (Opportunitäts-)Kosten, also der Verdienstausfall für die Mutter. Wenn überhaupt, hat man also weniger Kinder, in deren „Humankapital" aber umso mehr investiert wird.

„Nutzen" stiften Kinder ihren Eltern heute überwiegend immateriell. Die Liebe zu Kindern ist für viele ein starkes Motiv. Es macht Freude und stolz, die eigenen Kinder aufwachsen und gedeihen zu sehen. Hingegen ist der ökonomische Nutzen von Kindern für ihre Eltern, der einst beträchtlich war, heute kaum noch auszumachen – weder helfen sie, wie früher üblich, bei der Feldarbeit oder in der Werkstatt, noch ist eine zahlreiche Nachkommenschaft für eine Versorgung im Alter notwendig.

Dies übernimmt heute in Deutschland das kollektive Rentensystem. Vor dessen Einführung durch Bismarck war klar, dass nur, wer Kinder hat, im Alter auskömmlich leben konnte. Heute geht es auch ohne. Durch die Umlagefinanzierung findet sogar ein starker Transfer von den Familien mit Kindern zu den Kinderlosen statt: Während die Kosten der Kindererziehung und der „Humankapitalbildung" trotz mancherlei staatlicher Zuschüsse überwiegend doch noch die Eltern tragen, werden die materiellen „Erträge" der Kinder kollektiv vereinnahmt und sozialisiert. Das staatliche Rententransfersystem hat damit einen erheblichen – negativen – Einfluss auf die demografische Entwicklung.

Mit unterschiedlicher ideologischer Absicht betreiben alle modernen Wohlfahrtsstaaten, ob sozialistisch oder bürgerlich, eine Verstaatlichung der Familien und der Kinder, analysiert der liberale Wirtschaftshistoriker Gerd Habermann. Den Sozialisten kam es darauf an, einen „neuen Menschen" zu schaffen, wie schon Platon in seiner Staatsutopie anregte. So sollte in Russland nach der Revolution eine kollektive Erziehung individuelle Interessen („Privategoismus") und familiär bedingte Ungleichheit überwinden. Die innerfamiliäre Solidarität und Loyalität sollte auf den Staat übertragen werden. Die Versuche der Bolschewisten gleich nach 1917, die bürgerliche Familie vollkommen aufzulösen, scheiterten.

Doch blieb das Bestreben, auch in der DDR, die Funktionen der Familie weitgehend dem Staat zu übertragen. Mütter sollten nicht mit ihren Kindern oder im Haushalt, sondern im volkseigenen Betrieb beschäftigt sein. Auch im Westen haben sich einige Wohlfahrtsstaaten, etwa Schweden, einer derart kollektivierenden Familienpolitik angenähert. Flächendeckende staatliche Kinderbetreuung von frühestem Alter an ermöglicht es jeder Frau, kurz nach der Geburt wieder einer Erwerbsarbeit nachzugehen. Dies ist auch das Leitbild der neuen deutschen Familienpolitik, die vor allem auf das Potential der akademisch gebildeten Frauen zielt, von denen derzeit rund ein Drittel kinderlos bleiben. Der Staat, so die Botschaft, ermöglicht Kind und Karriere.

Allerdings hat der umfassende Sozialstaat, der im 20. Jahrhundert aufgebaut wurde, eine Absicherung gegen alle Wechselfälle des Lebens versprochen – und dabei die familiären Netzwerke der Solidarität geschwächt, wie Habermann kritisiert. Die Familien sind zudem „bei einer Sozialabgabenlast von inzwischen über 40 Prozent zur Eigenvorsorge kaum noch in der Lage – sie sind mit ihren eigenen Mitteln von staatlichen Versorgungseinrichtungen abhängig gemacht worden". Mit Blick auf die sinkende Geburtenrate schreibt er: „In allen westlichen Wohlfahrtsstaaten wird die Reproduktion der Gesellschaft zu einem ernsten

Problem, während dort, wo staatliche Familienpolitik nur ansatzweise oder gar nicht existiert, namentlich in den Vereinigten Staaten, und wo überdies auch noch starke religiöse Ideale die Familienbildung fördern, diese Entwicklung nicht oder nicht in diesem Maße eingetreten ist."

Die beste Familienpolitik, so könnte man kurz sagen, wäre der Verzicht auf staatliche Familienpolitik. Im Gegenzug könnten die Steuern und Abgaben drastisch sinken – was hätten die Familien dann mehr Geld zur Verfügung.

Lujo Brentano: Die Malthussche Lehre und die Bevölkerungsbewegung der letzten Dezennien, in: Abhandlungen der historischen Klasse der Königlichen Bayerischen Akademie der Wissenschaft, München 1909.

Gary S. Becker: An Economic Analysis of Fertility, in: Demographic and Economic Change in Developed Countries. Princeton University Press 1960.

Gerd Habermann: Drei Typen von Familienpolitik, in: ORDO – Jahrbuch für die Ordnung von Wirtschaft und Gesellschaft, Stuttgart 2007.

Zur Kasse bitte, großer Mann!

Hochgewachsene Menschen verdienen mehr.
Deshalb ist es nur fair, sie höher zu besteuern

Claus Tigges

Nicht nur Ökonomen, auch Philosophen und Politologen zerbrechen sich seit langem den Kopf darüber, wie der Staat von seinen Bürgern am besten das Geld eintreiben soll, das er zur Erfüllung seiner Aufgaben benötigt. Francis Edgeworth, Professor in Oxford, entwickelte 1897 in einem Essay den radikalen Ansatz: Ziel der Besteuerung müsse es sein, alle Einkommensunterschiede auszugleichen.

Solch ein Konzept lässt sich durch stark progressive Steuersätze verwirklichen: Je höher das Einkommen, desto höher ist nicht nur dem Betrag nach die Steuerschuld, sondern auch der Anteil des Einkommens, den der Staat fordert. Es dauerte fast ein halbes Jahrhundert, bis der Ökonom William Vickrey auf die Schwierigkeiten hinwies, die sich durch eine progressive Besteuerung ergeben, auch wenn nicht eine völlige Gleichmacherei das Ziel ist. Dass nämlich die Leistungsbereitschaft der Menschen darunter leidet, wenn ihnen die Regierung von jedem hinzuverdienten US-Dollar einen immer größeren Teil wegnimmt. Folglich berücksichtigen die Bürger das Steuersystem, wenn sie darüber entscheiden, wie viel ihrer Arbeitskraft sie auf dem Markt anbieten. Vickrey erkannte auch, dass wichtige Informationen für eine im Sinne der Progression gerechte Besteuerung ungleichmäßig verteilt sind: Nur der Arbeitnehmer selbst kennt seine Produktivität, weiß, wie sehr er sich zur Erzielung eines bestimmten Einkommens anstrengen muss. Vickrey schaffte es nicht, das Problem zu lösen. Das gelang ein weiteres Vierteljahrhundert später dem Briten James Mirrlees, der zeigte, wie Menschen zur Offenbarung ihrer „privaten" Informationen gebracht werden können in einer Weise, die ihrem eigenen Interesse nicht widerspricht. Für ihre Errungenschaft wurden die beiden Wissenschaftler 1996 mit dem Nobelpreis ausgezeichnet.

Inzwischen haben Ökonomen die Theorie der Besteuerung vorangetrieben. Denn es ist klar, dass die Regierung nicht nur, wie Vickrey und Mirrlees unterstellen, das Einkommen als beobachtbare Größe hat. Die Steuerschuld hängt von einer Vielzahl weiterer Variablen ab, von Hypothekenzinsen über die Kinderzahl bis zu Spenden. George Akerlof, ebenfalls ein Nobelpreisgewinner, bezeichnet diese verschiedenen Variablen als „Etikett". Sie seien nützlich, um jene Menschen herauszufiltern, die in den Augen der Regierung einer besonderen Förderung bedürfen. Für Kinder beispielsweise werden Steuerzahler üblicherweise mit Freibeträgen oder anderen Erleichterungen belohnt.

Einen ungewöhnlichen Ansatz, der allerdings ganz in die moderne Theorie einer optimalen Besteuerung passt, haben nun der Harvard-Ökonom Greg Mankiw und sein Doktorand Matthew Weinzierl gewählt: Sie sind der Frage nachgegangen, ob die Körpergröße eine Rolle spielen sollte bei der Bemessung der Steuerschuld. Eine solche Analyse, so schreiben Mankiw, einige Jahre Chef des Stabs der Wirtschaftsberater von Präsident George Bush, und Weinzierl, sei theoretisch und empirisch gerechtfertigt. Zum einen lege die Theorie nahe, dass die Regierung zur Bemessung der optimalen Steuerschuld jede verfügbare Information über die Produktivität eines Menschen heranziehen solle. Zum anderen zeige die Empirie einen engen Zusammenhang auf zwischen Körpergröße und Einkommen. Die Ökonomen zitieren eine Untersuchung, die ergeben hat, dass jemand, der knapp 1,90 Meter groß ist, 2002 rund 5.525 US-Dollar mehr verdient hat als jemand, der nur rund 1,65 Meter misst. Eine andere Analyse kommt zu dem Schluss, dass das Einkommen weißer Männer in Amerika mit jedem Inch (2,54 Zentimeter) Körpergröße im Durchschnitt um 1,8 Prozent steigt. „Das legt nahe, dass ein großer Mensch bei gleichem Einkommen mehr Steuern zahlen sollte als ein kleinerer Mensch", meinen Mankiw und Weinzierl. Die beiden wissen, dass die These heikel ist: „Viele Leser werden die Idee einer Größensteuer absurd finden, einige mögen sie nur als ungewöhnlich erachten."

In ihrem Modell gehen Mankiw und sein Student im Sinne von Vickrey und Mirrlees von einem utilitaristischen „sozialen Planer" aus, dessen Ziel die Umverteilung von Einkommen von den Stärksten zu den Schwachen ist. Sie beschäftigten sich nicht mit der Frage nach den Gründen dafür, dass große Menschen mehr verdienen, auf dem Arbeitsmarkt also eine „Größenprämie" gezahlt wird. In verschiedenen Beispielrechnungen innerhalb ihres Modellrahmens kommen die beiden Ökonomen zu dem Schluss, dass eine Regierung mit den beschriebenen Zielen eine ganz erhebliche Steuer auf Körpergröße erheben müsste: Ein großer Mensch mit einem Jahreseinkommen von 50.000 US-Dollar müsste rund 4.500 US-Dollar mehr Steuern zahlen als ein kleiner Mensch mit demselben Einkommen.

Mankiw und Weinzierl wissen um die fundamentale Kritik, die schon am Ansatz eines utilitaristischen Planers geübt werden kann, beispielsweise durch die liberale Auffassung, dass dem Menschen der durch Fähigkeiten und Begabungen erzielte Lohn selbst zusteht und staatliche Umverteilung grundsätzlich nur mit Zurückhaltung einzusetzen ist. Aber eine Größensteuer verstößt auch gegen den Grundsatz der horizontalen Gerechtigkeit, wonach Menschen mit derselben Fähigkeit, Steuern zu zahlen, auch tatsächlich dieselben Steuern entrichten sollten.

„Unsere Ergebnisse lassen eine Reihe von Möglichkeiten zu. Aber entweder muss man eine Besteuerung nach der Körpergröße ernsthaft in Erwägung ziehen, oder aber man muss sich vom herkömmlichen utilitaristischen Ansatz in der Theorie der optimalen Besteuerung verabschieden. Sie haben die Wahl, aber Sie müssen sich entscheiden."

N. Gregory Mankiw und Matthew Weinzierl, The Optimal Taxation of Height: A Case Study of Utilitarian Income Redistribution. Arbeitspapier, im Internet unter: http://www.economics.harvard.edu/faculty/mankiw/papers_mankiw.

Wettbewerb hilft den Frauen

Denn er verhindert, dass sie schlechter bezahlt werden als Männer – zumindest tendenziell

Werner Mussler

Am generellen empirischen Befund ist nicht zu rütteln: Im Durchschnitt werden Frauen deutlich schlechter bezahlt als Männer. So verdienen nach einer kürzlich veröffentlichten Studie der Europäischen Kommission Frauen in der Europäischen Union (EU) heute je Arbeitsstunde etwa 15 Prozent weniger als Männer, in Deutschland ist das Gefälle mit 22 Prozent noch größer. Untersuchungen der Bundesregierung kommen zu ähnlichen Ergebnissen. Welche Gründe hat diese Ungleichbehandlung? Was lässt sich dagegen tun? Ökonomen begeben sich auf dünnes Eis, wenn sie mit ihren dürren Theorien zu zeigen versuchen, dass die Ungleichheit ökonomisch erklärbar ist – und dass nicht immer die nächstliegenden Therapien die geeignetsten zum Abbau der Ungleichbehandlung sind.

In einer ökonomisch heilen Welt richtet sich die Entlohnung nach dem Humankapital des Arbeitnehmers, das sich in dessen marginaler Arbeitsproduktivität ausdrückt. In diese gehen Berufserfahrung, Aus- und Weiterbildung ein. Je höher die Produktivität, desto höher die Entlohnung. Aus dieser Überlegung resultiert die erste mögliche Ursache der schlechteren Entlohnung von Frauen: Weil sie in der Regel erziehungsbedingt in ihrem Beruf aussetzen, bleibt ihre marginale Arbeitsproduktivität im Zeitablauf hinter der der Männer zurück. Zur Beseitigung dieses Nachteils hat der EU-Beschäftigungskommissar Vladimir Spidla augenzwinkernd ins Gespräch gebracht, Väter zum Vaterschaftsurlaub zu zwingen.

Der zweite Grund für die Ungleichheit lässt sich anhand der von Spidla kürzlich geäußerten rhetorischen Frage illustrieren, warum Kindermädchen weniger verdienen müssten als Automechaniker. Die naheliegende Antwort lautet, dass die Arbeit des Mechanikers offenbar stärker nachgefragt und deshalb besser entlohnt wird. Solange Mechanikerinnen nicht systematisch schlechter bezahlt werden als ihre männlichen Kollegen, ist kein Problem erkennbar. Kritiker dieser „ökonomistischen" Antwort werden einwenden, Frauen würden grundsätzlich in schlechter bezahlte Berufe gedrängt, der Arbeitsmarkt sei mithin in Frauen- und Männerberufe segmentiert. Stimmt das, dann sollte dieser Segmentierung wohl schnellstmöglich der Garaus gemacht werden, sollten die einzelnen Berufsbilder möglichst offen für jedermann und jedefrau sein.

Der dritte Grund hat damit zu tun, dass Männer mehrheitlich über Frauenkarrieren entscheiden und Frauen oft direkt diskriminieren. So ähnlich hat das der spätere Nobelpreisträger Gary Becker schon 1957 formuliert: Die (männlichen) Arbeitgeber hätten einen „Geschmack für Diskriminierung" und maximierten nicht den Gewinn ihres Unternehmens, sondern ihren eigenen Nutzen, indem sie Männer einstellten und diese überdurchschnittlich gut bezahlten. Diese „Lohndiskriminierung" funktioniere aber nur, so Becker, wenn auf den Güter- und Arbeitsmärkten, auf denen die betreffenden Unternehmen agierten, wenig Wettbewerb herrsche. Denn nur die Arbeitgeber, die dem Wettbewerb kaum ausgeliefert seien, könnten es sich leisten, ihre Arbeitnehmer nach anderen als nach strikt ökonomischen Kriterien zu entlohnen. Nur sie können es sich herausnehmen, Männer bevorzugt zu behandeln und sie (bei gleicher Arbeit) besser zu bezahlen als Frauen. Wettbewerb mache solche Diskriminierung unmöglich.

Die Linzer Ökonomen Martina Zweimüller, Doris Weichselbaumer und Rudolf Winter-Ebmer haben jetzt in einer vergleichenden Studie umfangreiche empirische Belege für Beckers These zusammengetragen. Ihre Kernaussage lautet: Je mehr Wettbewerb in einem Land herrscht, desto geringer ist dort das Lohngefälle zwischen Männern und Frauen. Als Maß für die Wettbewerbsverhältnisse ziehen die drei Autoren den „Economic Freedom of the World Report" heran, den das kanadische Fraser Institute jährlich veröffentlicht. In den von dem Institut ermittelten Freiheitsindex gehen 38 Komponenten ein, welche den Staatseinfluss auf die Wirtschaft, die Rechtsstaatlichkeit und die Sicherung der Eigentumsrechte, die Währungsstabilität, die Außenhandelsfreiheit und die Regulierungsdichte erfassen.

Zweimüller, Weichselbaumer und Winter-Ebmer haben die Ergebnisse sämtlicher Studien zu geschlechtsspezifischen Lohnunterschieden zwischen 1963 und 1997 in 62 Ländern aufbereitet und diese in Beziehung zu den am Freiheitsindex gemessenen Wettbewerbsverhältnissen in diesen Ländern gesetzt. Diese Makro-Untersuchung bringt ähnliche Ergebnisse wie eine zweite Analyse, die auf sozialwissenschaftlichen Mikrodaten für 31 Länder basiert, die ihrerseits auf Einzelbefragungen basieren: Je höher die Wettbewerbsintensität, desto geringer die geschlechtsspezifische Lohnlücke. Vor allem die Offenheit der Güter- und Faktormärkte und eine weitgehende Deregulierung fördern den Abbau der Lohndiskriminierung. Ob Wettbewerb die Ungleichbehandlung von Männern und Frauen vollständig beseitige, sei empirisch nicht überprüfbar, schreiben die österreichischen Ökonomen.

Wie auch immer: Für zwei der drei geschilderten Ursachen der Diskriminierung – die Segmentierung des Arbeitsmarkts und die Tatsache, dass Männer über Frauenkarrieren entscheiden – ist Wettbewerb offenbar die geeignete Therapie. Dieser ist, so hat es der Ordoliberale Franz Böhm formuliert, das „genialste Entmachtungsinstrument der Geschichte". Manchem Mann steht diese Erfahrung möglicherweise noch bevor.

Gary S. Becker: The Economics of Discrimination, Chicago 1957.

Martina Zweimüller, Doris Weichselbaumer, Rudolf Winter-Ebmer: Market Orientation and Gender Wage Gaps: An International Study, www.cepr.org/pubs/dps/DP6388.asp. Juli 2007.

GESUNDHEIT UND WOHLSTAND
SEI AUCH MIT DABEI

Die Deutschen sind Hypochonder

Sie fühlen sich oft krank. Doch ihr fester
Händedruck verrät, wie robust sie sind

Werner Mussler

In keinem europäischen Land außer der Schweiz sind die Ausgaben für die Gesundheitsversorgung – gemessen am Bruttoinlandsprodukt (BIP) – so hoch wie in Deutschland. Dieser Befund der in Paris ansässigen internationalen Wirtschaftsorganisation OECD lässt unterschiedliche Deutungen zu. Die hohen Ausgaben könnten auf eine im Durchschnitt besonders gute Gesundheit der Deutschen schließen lassen. Sie können aber auch schlicht bedeuten, dass das deutsche Gesundheitssystem besonders ineffizient und kostenträchtig ist.

Wie findet man heraus, was richtig ist? Das ist eine für Ökonomen durchaus lohnende Frage. Denn eine der wenigen unstrittigen Erkenntnisse aus der nun beendeten Schlacht um die Gesundheitsreform ist wohl die, dass das deutsche System sehr teuer ist. Weit weniger klar ist, ob es auch gute Ergebnisse – im Sinne einer guten „Volksgesundheit" – bietet.

Wie aber lässt sich objektiv messen, wie gesund die Bevölkerung eines Landes ist? Daten wie die durchschnittliche Lebenserwartung liefern zwar näherungsweise Hinweise auf die Lebensqualität. Die Gesundheit Einzelner lässt sich damit aber nicht erfassen. Und individuelle Daten, die sich etwa aus Patientenakten ergeben, sind aus guten Gründen nicht zugänglich. Eine mögliche Ermittlungsmethode sind repräsentative Befragungen Einzelner: Man fragt die Bürger, ob sie gesund sind – genauer: ob sie sich so fühlen.

Der Mannheimer Ökonom Hendrik Jürges rät da freilich zur Vorsicht: Individuelle Auskünfte zum eigenen Gesundheitszustand seien immer subjektiv. Mag der eine seine Gesundheit schon sehr schlecht nennen, wenn er sich einen Schnupfen geholt hat, wird sich ein anderer für einigermaßen gesund halten, wenn er eine schwere chronische Krankheit mit Medikamenten im Zaum halten kann.

Spezielle Unterschiede in der Beurteilung des eigenen Gesundheitszustands ergeben sich im Vergleich unterschiedlicher Länder, Sprachräume oder gar Kulturen. So gaben in einer länderübergreifenden Befragung fast 50 Prozent aller Schweden an, ihr Gesundheitszustand sei sehr gut. Wesentlich weniger gesund fühlten sich die Deutschen: Nur gut 20 Prozent antworteten mit „sehr gut". Spiegelten diese riesigen Unterschiede in der Selbstwahrnehmung auch die tatsächlichen Gesundheitsunterschiede wider, käme dies einer Bankrotterklärung des deutschen Systems gleich – zumal der Anteil der Gesundheitsausgaben am BIP in Schweden deutlich geringer ist als in Deutschland.

Doch Jürges glaubt zu wissen, dass sich Deutsche systematisch negativer über ihre eigene Gesundheit äußern als die

Skandinavier – obwohl sie objektiv gar nicht kränker seien als jene.

Der Mannheimer Ökonom kann das nur sagen, weil er ein offenbar objektives Gesundheitsmaß gefunden hat, das die subjektiven Verzerrungen in Befragungen ausschaltet, also intersubjektiv überprüfbar ist. Es handelt sich um – die Handgreifkraft. Sie lässt sich, in Befragungen eingebettet, einfach mit einem „Dynamometer" messen.

Jürges' in Kontrollstudien ermittelter Befund, der allerdings erst auf über 50-Jährige anwendbar ist, lautet: Je fester jemand mit der Hand zudrückt, desto besser ist sein allgemeiner Gesundheitszustand.

Und was verrät diese Erkenntnis über die tatsächliche Gesundheit der Deutschen im Vergleich zu ihren europäischen Nachbarn? In einer Studie des Mannheimer MEA-Instituts, an der Jürges mitgewirkt hat, wurde der Gesundheitszustand in mehreren europäischen Ländern nach verschiedenen Maßen ermittelt. Die „objektivierten" Ergebnisse, die unter anderem aufgrund von Greifkraftmessungen zustande gekommen sind, unterscheiden sich deutlich von den Ergebnissen reiner Befragungen. „Objektiv" ist der Gesundheitszustand von etwa 33 Prozent der Deutschen exzellent, subjektiv nur von 20 Prozent. Die Schweden, subjektiv fast zu 50 Prozent sehr gesund, sind es dagegen objektiv nur zu 32 Prozent. Obwohl sie sich also im Schnitt viel gesünder fühlen als die Deutschen, sind sie es nicht.

Die Gesündesten sind nach den objektivierten Ergebnissen die Schweizer, die ja auch am meisten für die Gesundheit ausgeben. Einen so direkten Zusammenhang zwischen der Höhe der Gesundheitsausgaben und der tatsächlichen Gesundheit gibt es in Deutschland nicht: Die Deutschen sind objektiv etwa so gesund wie die Österreicher. Im Alpenland betragen die Gesundheitsausgaben aber nur knapp 8 Prozent des BIP, in Deutschland sind es etwa 11 Prozent.

Glaubt man der Greifkrafttheorie, sind die Deutschen aber immer noch deutlich gesünder, als sie sich fühlen. Anders formuliert: Es gibt hierzulande überdurchschnittlich viele Hypochonder. So ist mit wissenschaftlichen Methoden ein altes Vorurteil bestätigt: dass sich die Deutschen erst wohlfühlen, wenn es ihnen schlechtgeht.

Wenn dieses Vorurteil stimmt, müssen Jürges und seine Kollegen bei ihren Schlussfolgerungen allerdings aufpassen. Denn spricht sich in Deutschland erst einmal herum, dass Greifkraft gleichbedeutend mit Gesundheit ist, dann wird der schlappe Händedruck einen Aufschwung erleben. Und die Greifkraftmessung büßt leider zwingend an Erklärungskraft ein.

Hendrik Jürges: Cross-Country Differences in General Health, in: Axel Börsch-Supan u.a. (Hg.), Health, Ageing and Retirement in Europe, Mannheim 2005, http://www.mea.uni-mannheim.de/juerges/SHAREbookCh3.3.pdf.

208 **Karsten Hank, Hendrik Jürges u.a.**: Die Messung der Greifkraft als objektives Gesundheitsmaß in Sozialwissenschaftlichen Bevölkerungsumfragen, MEA Discussion Paper 104–106, http://www.mea.uni-mannheim.de/mea_neu/pages/files/nopage_pubs/dmx ekvjfgz8keo91_104-2006.pdf.

Ein Lob der Ungleichheit

Die progressive Besteuerung nimmt den
Habenichtsen die Chance auf Wohlstand

Patrick Welter

Zu den Grundzügen jeder demokratischen Gesellschaft gehört, dass die wirtschaftspolitische Diskussion in weiten Teilen um die Frage der Umverteilung kreist. Niemand würde auf offener Straße einem gutbetuchten Herrn ins Gesicht sagen: „Sie haben mehr als ich, also geben Sie mir etwas ab." In der politischen Debatte aber gehört diese auffordernde Drohung zum täglichen Umgangston, wenn auch sprachlich anders verpackt. Vom gesellschaftlichen Wohl ist dann die Rede, vom unverdienten Wohlstand der Reichen, von einer ungesunden Einkommensverteilung oder vom sozialen Zusammenhalt. Im Kern aber geht es nur darum, anderen etwas wegzunehmen und ihre Eigentumsrechte zu beschneiden.

Die Unpersönlichkeit des Denkens in Gruppen, die das politische Spiel in der Demokratie bestimmt, lässt dabei in den populistischen Volten mancher Politiker jede Scham verlorengehen. Es ist leichter, „die Reichen" auszubeuten, als einem einzigen Reichen persönlich ins Portemonnaie zu fassen. Die Aneignung des Eigentums anderer, die auf offener Straße nur mit vorgehaltener Waffe möglich ist, gelingt in der demokratischen Abstimmung durch die Macht der Mehrheit. Nicht ohne Grund nennen manche Radikalliberale die Besteuerung Diebstahl. So weit muss man nicht gehen, um zu sehen, dass in der demokratischen Umverteilung der Respekt vor den Rechten und der Freiheit des Anderen verlorengegangen ist.

Die Umverteilung ist in den meisten westlichen Demokratien im Prinzip der progressiven Besteuerung der Einkommen verankert. Progressiv kann fortschrittlich meinen, und diese positive Bedeutung spielt eine Rolle dabei, warum das Prinzip so beliebt ist. Progressiv in Steuerdingen bedeutet aber stufenweise fortschreitend. Je höher das Einkommen, desto höher ist der Steuersatz oder der Anteil, den die Regierungen und Abgeordneten von dem Verdienten fordern. Es geht in der Umverteilung durch das progressive Steuersystem damit nicht darum, dass Wohlhabende mehr zahlen sollen. Auch bei einem einheitlichen Steuersatz („Flat Tax") zahlen Menschen mit höherem Einkommen mehr als Geringverdiener. 10 Prozent von 1 Million Euro sind in der absoluten Steuerlast immer mehr als 10 Prozent von 20 000 Euro. Das progressive Steuersystem aber legt den Mehrverdienern eine weitere Zusatzlast auf; sie müssen eben nicht 10, sondern 30 oder 40 oder noch mehr Prozent ihres Einkommens zur freien Verfügung der Parlamentarier abführen. Diese Zusatzlast ist die Strafe dafür, dass diese Menschen sich anstrengen, um mehr zu verdienen.

Das Fatale an der progressiven Besteuerung ist, dass diese Strafe auf die Anstrengung nicht nur diejenigen trifft, die schon viel verdienen oder besitzen und die aus welchen Motiven heraus auch immer gelegentlich die Progression als ihren Beitrag zur Gesellschaft loben. Die Strafandrohung geht weit über diesen Personenkreis hinaus. Die progressive Besteuerung lässt es für Eltern aller Einkommensklassen weniger lohnend erscheinen, in die Bildung ihrer Kinder zu investieren, und sie lässt es manchem Jugendlichen weniger ratsam erscheinen, sich fortzubilden und eine Universitätsausbildung anzustreben und abzuschließen. So blockiert die progressive Besteuerung den wichtigsten Wachstumsmotor jeder Volkswirtschaft. Mehr Bildung ist nach allen historischen Erfahrungen und empirischen Erkenntnissen eine der entscheidenden Voraussetzungen für mehr Wachstum und Wohlstand. Wer Sand in dieses Getriebe streut, vernichtet die Chancen, die eine Gesellschaft auch für Habenichtse bietet.

Die Verteufelung der Ungleichheit der Einkommen und das Lob der Umverteilung durch progressive Steuern wirken dabei in unglückseliger Weise zusammen. Zunehmend wird über eine größer werdende Ungleichheit der Einkommen in einem Land und zwischen Ländern geklagt. Zunehmend wird diese Einkommensschere auch als Argument herangezogen, um eine stärkere Progression der Besteuerung zu fordern. Die zunehmende Ungleichheit der Einkommen in einem Land und auch zwischen Ländern ist aber weitgehend die Folge davon, dass mehr Menschen sich erfolgreich um eine bessere Ausbildung bemühen und ihre Einkommen stärker steigen als diejenigen der kaum Ausgebildeten. Darauf hat der Wirtschaftsnobelpreisträger Garry Becker auf einer Tagung der Mont-Pèlerin-Gesellschaft hingewiesen.

Die Ungleichheit der Einkommen ist nichts Schlechtes, sondern etwas Gutes. Sie spiegelt wider, dass die Investition in Bildung sich lohnt, und sie zeigt den Ungebildeten mit niedrigem Einkommen zugleich, wie sie ihr Los verbessern können. Auf die größer werdende Ungleichheit der Einkommen mit einer stärkeren Steuerprogression zu antworten ist so unklug wie eine Politik, welche den Universitätsbesuch besteuert und den Schulabbruch subventioniert, sagte Becker.

Der Verzicht auf die progressive Besteuerung zugunsten einer „Flat Tax" mit einheitlichem Steuersatz ist kein Liebesdienst an den Reichen. Es ist eine einfache Möglichkeit, um Bildung und Wohlstand zu fördern – und wäre wohl erfolgreicher als all die bürokratischen Bemühungen und milliardenschweren Subventionen, um die Schul- und Universitätsausbildung voranzubringen. Politische Voraussetzung ist freilich, dass die Ungleichheit auch der Einkommen als positiv anerkannt und nicht verdammt wird. Eigentlich ist das nicht schwer zu verstehen. Wenn alle Menschen gleich wären, wäre das Leben langweilig.

Garry S. Becker: Globalization and Inequality. Vortrag vor der Mont Pèlerin Society, 12.9.2008 in Tokio.

Freiheit, die wir meinen

Wie ein erhabener Begriff alles und sein Gegenteil
bedeuten kann und trotzdem etwas taugt

Karen Horn

Der Begriff der Freiheit ist von schlichter Schönheit. Er beschreibt etwas, was allen Menschen lieb und teuer ist. Die Freiheit ist ein universeller, erhabener Wert. Allerdings geht die umfassende Wertschätzung des freiheitlichen Ideals auch mit einer erheblichen Unbestimmtheit des Begriffs einher – und das bedeutet, dass eine solche Bewegung vermutlich, je größer sie wird, inhaltlich umso weniger präzise auftreten kann und sich möglicherweise mittelfristig selbst ad absurdum führt. Wie Glück und Güte, wie Natur und Wirklichkeit sei Freiheit nun einmal ein Begriff, dessen Bedeutung so „porös" sei, dass er kaum einem Auslegungsversuch zu widerstehen vermöge, schreibt dazu treffend Isaiah Berlin in seinem klassischen Essay über „Two Concepts of Liberty". Isaiah Berlin (1909–1997), einst Professor für Sozial- und Politikwissenschaften in Oxford, ist bekannt für seine präzise Fassung des Gegensatzpaares von „positiver" und „negativer" politischer Freiheit, die sich im Laufe der Geistesgeschichte herausgebildet haben – zum Guten wie zum Bösen.

Für den Alltagsgebrauch taugen diese Labels nicht viel, dazu sind sie zu abstrakt. Vor allem aber sind sie auf den ersten Blick irreführend: Die „negative Freiheit" ist das positive, das gute Konzept, und die „positive Freiheit" ist das gefährliche und insoweit negative Konzept. Dem Marketing liberalen Gedankenguts hat Isaiah Berlin mit diesem unglücklichen Begriffspaar keinen Dienst erwiesen. Dabei ist die Unterscheidung an sich wesentlich. Hier gilt es einen grundsätzlichen Konsens herzustellen, wenn man eine „Freiheitsgesellschaft" gründen will.

Um „negative Freiheit" geht es nach Isaiah Berlin im Zusammenhang mit der Frage, auf welchem Gebiet ein Mensch frei sein soll, das zu tun oder zu sein, was er tun oder sein kann, ohne von anderen Menschen daran gehindert zu werden. Negative Freiheit ist in diesem Sinne negativ, weil der Begriff eine Abwehr formuliert: Es geht um die Abwesenheit von Zwang. Bei Zwang handelt es sich nicht um schlichte – beispielsweise ökonomische – Sachzwänge, sondern um eine bewusste Willensunterwerfung. „Die Verteidigung der Freiheit besteht in dem negativen Ziel, äußere Störungen abzuwehren ... Einem Menschen alle Türen bis auf eine zu versperren, gleichgültig, wie nobel der Weg ist, zu dem sie sich öffnet, oder wie wohlmeinend die Absichten derer sind, die dies arrangiert haben – es bedeutet eine Sünde gegen die Wahrheit, dass der Mensch ein Mensch ist, ein Wesen mit einem eigenen Leben." Der Begriff der negativen Freiheit führt somit zu politischen Theorien, in denen es vor allem um eine Eingrenzung der Sphäre geht, in der eine Regierung in das Leben des einzelnen Menschen eingreifen darf.

Der Begriff der positiven Freiheit ist nicht so zurückhaltend. Hier geht es, wie Isaiah Berlin formuliert, um die Frage, wer die Kontrollinstanz sein soll, die jemanden dazu bringt, das eine zu tun und das andere zu unterlassen: „Wer darf sagen, was ich sein und tun darf und was nicht?" In enger Verbindung mit dem Begriff der negativen Freiheit ist die Antwort klar: „Ich selbst." Doch auf sich allein gestellt, ist der Begriff der positiven Freiheit weniger trennscharf. Vor allem mündet er in eine Theorie der politischen Teilhabe – aber ohne die Abgrenzung von Sphären, in denen das Individuum auch durch eine Mehrheit nicht bevormundet werden darf. Dann aber stehen den Sozialingenieuren, die aktiv die Gesellschaft nach ihrer Wunschvorstellung formen wollen, alle Wege offen.

Zudem sind im Laufe der abendländischen Geistesgeschichte immer wieder Einfallstore gefunden worden, die es erlaubten, am Begriff des „Ich" herumzuinterpretieren. So begann man, den Menschen als innerlich gespaltenes Wesen zu begreifen. Welches Ich aber ist dann gemeint? Das rationale, aufgeklärte, leidenschaftslos vernünftige Ich, das wir freilich nicht immer zu sein vermögen und das man sich notfalls „zurechtdenken" muss? Das sich als Teil eines Stamms, einer Rasse, einer Kirche, eines Staats oder irgendeines anderen Kollektivs begreifende und sich in seiner Individualität insofern aufgebende Ich? All diese Interpretationsversuche haben zu politischen Ansätzen geführt, die in Tyrannei münden können.

Wie Isaiah Berlin schreibt, ist es schon schlimm genug, dass Menschen gelegentlich vorgeben, andere zu ihrem Glück zu zwingen, das diese nicht zu erkennen vermögen. Noch schlimmer aber sei die Anmaßung, zu behaupten, dass ein Mensch etwas, was zu seinem Guten sei, implizit stets auch wollen müsse, ob er es nun wisse oder nicht – und dass er insofern auch nicht wirklich zu etwas gezwungen werde. „Wenn wir die Definition dessen, was der Mensch sei, nur genug manipulieren, dann können wir auch den Begriff der Freiheit dazu bringen, dass er bedeutet, was der Manipulator will." Diese Warnung gilt es heute zu hören, mehr denn je.

Isaiah Berlin: Two Concepts of Liberty. In Isaiah Berlin: Liberty. Oxford University Press, 2005, S. 166–217.

Warum die Armen arm bleiben

Geld allein rettet die Dritte Welt nicht.
Sie muss die Chance erhalten, sich selbst zu helfen

Philip Plickert

Die sogenannte Dritte Welt habe es nie gegeben. Sie sei eine Erfindung linker Intellektueller und Entwicklungsökonomen. Das meinte zumindest P. T. Bauer, Professor an der London School of Economics. Er lehnte den Begriff „Dritte Welt" ab, da er die Vielfalt der postkolonialen afrikanischen und asiatischen Länder überdecke und diese in einen fiktiven Block zwänge und mit guten Ratschlägen und Entwicklungshilfe beglücke.

Westliche Entwicklungshilfe, so Bauers Überzeugung schon in den fünfziger Jahren, habe unendlich mehr Schaden als Nutzen gebracht. Sie habe unzählige Staaten Afrikas, Asiens und Lateinamerikas zur Staats- und Planwirtschaft verleitet, statt den Markt und das private Unternehmertum zu entwickeln. Experten der Vereinten Nationen wie Raúl Prebish und Gunnar Myrdal hätten den Weg gewiesen, der da lautete: gelenkte Industrialisierung durch Abschottung, Preiskontrollen und staatliche Großprojekte – zu finanzieren über westliche Hilfsgelder oder eigene Geldschöpfung.

Die unvermeidliche Folge dieser Entwicklungsstrategie waren Fehlplanungen, Ressourcenverschwendung, Inflation und eine Zunahme der Bürokratie und Korruption. Zu diesem Elend kamen noch die periodischen Bürgerkriege in fast allen afrikanischen Staaten. Viele von ihnen sind daher heute ärmer als vor fünfzig Jahren – trotz Entwicklungshilfe. Die Länder südlich der Sahara, wo Entwicklungshilfe mehr als 10 Prozent des Bruttoinlandsprodukts ausmacht, haben besonders wenig erreicht und verharren auf elendem wirtschaftlichem Niveau.

Gibt es einen Teufelskreis der Armut, in dem sich diese Länder befinden? Bauer hat diese Vorstellung stets abgelehnt, da ja auch Europa aus eigener Kraft zu Wohlstand gekommen sei. Für die meisten Menschen, die im Sommer 2007 am Zaun von Heiligendamm demonstriert haben, klingt das wohl wie reinster Zynismus. Sie sind überzeugt, dass der Reichtum der westlichen Länder auf der Armut und Ausplünderung anderer Länder beruht. Die Globalisierung sehen sie als Prozess der Ausbeutung der Schwächeren durch die Starken. Vehikel dieses Prozesses seien Weltbank und Internationaler Währungsfonds (IWF), die seit den achtziger Jahren – teilweise Bauers Ansatz folgend – die Entwicklungsländer zum Aufbau marktwirtschaftlicher Institutionen zu verpflichten versuchen.

Dem kann man entgegensetzen, dass die Marktwirtschaft in vielen Ländern gefruchtet hat. Indien und China erleben heute einen spektakulären Aufschwung, nachdem sie in den internationalen Wettbewerb eingetreten sind und privates Unternehmertum fördern. Sie profitieren von der Globalisierung. Der Anteil der ärmsten Menschen auf der Welt, die von weniger als einem US-Dollar je Tag leben müssen, hat sich daher in den vergangenen drei Jahrzehnten von 39 auf 19 Prozent halbiert. Afrika dagegen stagniert nicht nur, sondern fällt weiter zurück. Der Anteil der Menschen mit nur einem US-Dollar je Tag stieg dort auf mehr als 30 Prozent.

Angesichts dieser dramatischen Entwicklung propagiert Jeffrey Sachs, einst als marktradikaler IWF-Reformer bekannt geworden, nun eine massive Erhöhung der Hilfen – einen „big push": Mit 75 Milliarden Dollar jährlich könne Afrika gerettet werden, wenn diese vor allem für Gesundheitsprojekte verwendet würden, meint Sachs. Sein Plan ist von der Linken begeistert aufgenommen worden. Die jüngere entwicklungspolitische Diskussion weist also ein klares Muster auf: Die liberalen Ökonomen vertrauen dem Markt und misstrauen staatlicher Intervention, linke Ökonomen rufen nach mehr Geld und Programmen. Eine interessante Mittelposition nimmt Paul Collier ein, der Direktor des Centre for the Study of African Economies an der Universität Oxford. In absehbarer Zeit werden fünf Sechstel der Menschen auf der Erde ein ausreichendes Einkommen haben, prophezeit Collier. Nur 1 Milliarde, die „Bottom Billion", sei komplett von der Entwicklung abgehängt. Diese ärmste Milliarde lebe im subsaharischen Afrika und Zentralasien.

Insgesamt 58 Länder hat Collier identifiziert, die womöglich dauerhaft am Boden bleiben, obwohl einige erstaunliche Ressourcen besitzen, vor allem Erdöl, aber auch Gold oder Diamanten. Das nennt Collier die „Falle der natürlichen Ressourcen". Wie auch die Entwicklungshilfe sind Bodenschätze ein Geschenk, das Begehrlichkeiten weckt. Sie stacheln den politischen Wettbewerb von Interessengruppen an, das sogenannte „rent seeking". Wer die Macht im Staat erlangt, kann die Ressourcen an seine Klientel verteilen. Dieses Rentenstreben geht auf Kosten produktiver Tätigkeiten. Schlimmstenfalls führt es zu Bürgerkriegen.

Je reicher ein Staat an Bodenschätzen ist, desto höher ist auch die Wahrscheinlichkeit, dass seine politischen Institutionen degenerieren. Statt einen Ordnungsrahmen für marktwirtschaftlichen Wettbewerb und freies Unternehmertum zu garantieren, mutiert der Staat zur reinen Umverteilungs- und Bereicherungsmaschine für einzelne Gruppen. Die Erhebung von Steuern zur regulären Finanzierung des Staates wird unwichtig. Auch der Strom von Entwicklungsgeldern könnte ähnliche Folgen haben, wenn ihre Verwendung nicht streng kontrolliert wurde.

Neben der „Ressourcenfalle" hat Collier weitere Phänomene untersucht, die einen Aufstieg verhindern. Fatal sind wiederkehrende Bürgerkriege, die umso wahrscheinlicher seien, je ärmer und erfolgloser ein Land sei. Endemische Korruption und fehlende Rechtsstaatlichkeit, „bad governance" genannt, sind weitere Ursache und zugleich Folge des niedrigen Entwicklungsstands. Wenig Chance auf wirtschaftlichen Aufschwung haben zudem jene Länder, die von chaotischen Nachbarn umgeben sind und keinen Zugang zum Meer haben.

Der Befund von Collier ist erschütternd. Seine Analyse der Ursachen überzeugt, ebenso sein Rat, den afrikanischen Ländern künftig eher durch eine liberale Handelspolitik denn durch mehr Geld entgegenzukommen, wie dies schon Bauer gefordert hat. Die Dritte Welt rettet man nicht durch einen undifferenzierten Geldregen; man muss ihr die Chance geben, sich selbst zu retten.

P. T. Bauer: Dissent on Development, Weidenfeld & Nicolson 1971.

Paul Collier: The Bottom Billion, Oxford University Press 2007.

Kauft T-Shirts aus Kinderhand

Gegen Kinderarbeit helfen keine Boykotte, im Gegenteil:
Sie verschärfen das Problem sogar

Patrick Bernau

Wenn Verbraucher in den Industriestaaten gegen Kinderarbeit kämpfen, dann geht das zum Beispiel so wie im folgenden Fall, in dem Tchibo seinen Kunden anbot, T-Shirts zu bedrucken. Eine Bloggerin argwöhnte, dass die T-Shirts aus Kinderarbeit stammen, und ließ sich eines mit dem Satz liefern: „Dieses T-Shirt hat ein Kind für Tchibo genäht." Eine genauere Untersuchung zeigt jedoch, dass solche Boykott-Aufrufe wenig helfen, ja, sie fördern die Kinderarbeit am Ende sogar, wie Matthias Doepke an der Northwestern University und Fabrizio Zilibotti an der Universität Zürich ermittelt haben.

Dabei zeigen sie ganz deutlich, dass Menschen mit guten Absichten ihre Ziele oft nicht erreichen, wenn sie überstürzt handeln – sondern genau das Gegenteil. Vor allem Zilibotti ist dafür bekannt, dass er sehr genau überlegt, wie arme Länder aus der Armut kommen können. Den beiden Forschern fiel zum Thema Kinderarbeit auf: Trotz aller Boykotte müssen heute noch sehr viele Kinder Geld verdienen. In den heutigen Schwellenländern gibt es sogar mehr Kinderarbeit als in den Industrieländern, als diese auf einem vergleichbaren Entwicklungsstand waren. Dabei ist der internationale Druck inzwischen viel größer als damals.

Doch Doepkes und Zilibottis Analyse zeigt: Es ist genau dieser Druck, der die Kinderarbeit am Leben hält. Das klingt im ersten Moment reichlich paradox. Der Zusammenhang wird aber deutlich, wenn man überlegt, wer ein Interesse an der Kinderarbeit hat und wer sie gerne abschaffen würde.

Die größten Gegner der Kinderarbeit sind schlecht ausgebildete Arbeiter in den Schwellenländern. Denn ihnen sind die Kinder eine unliebsame Konkurrenz. Je weniger Kinder arbeiten, desto bessere Löhne können sich die Arbeiter erkämpfen. Tatsächlich waren es in den Industriestaaten einst die Gewerkschaften der einfachen Arbeiter, die das Verbot der Kinderarbeit erstritten. Förderer der Kinderarbeit sind dagegen nicht nur renditeoptimierende Firmenchefs, sondern vor allem die Familien der arbeitenden Kinder. Viele arme Eltern ließen die meisten ihrer Kinder Geld verdienen, damit sie wenigstens einem oder zweien den Schulbesuch ermöglichen konnten, haben die beiden Forscher beobachtet. Wenn die Verbraucher in den Industrieländern nun Produkte aus Kinderhänden boykottieren, finden die Kinder keine Arbeit mehr in der Fabrik. Davon wird die Familie aber nicht reicher, sondern nur noch ärmer. Die Kinder müssen dann auf einem Bauernhof mitarbeiten, oft auf dem der Familie. Und weil der Familie dann Geld fehlt, müssen oft auch die beiden Schulkinder auf ihren Unterricht verzichten.

Doch der Boykott bringt nicht nur kurzfristig mehr Kinder aufs Feld. Er senkt auch innerhalb des Landes den

Druck, die Kinderarbeit zu verbieten. Denn die Industriearbeiter haben plötzlich keine Konkurrenz mehr. Deshalb kämpfen sie mit weniger Energie gegen die Kinderarbeit. So kommt es, dass viele Länder keine Schulpflicht und kein Mindestalter für das Erwerbsleben durchsetzen. So sorgt der Boykott dafür, dass noch mehr Kinder arbeiten müssen.

Das macht die Kinderarbeit zum Sonderfall. Häufig ist es gerade die Globalisierung, die die Arbeitnehmerrechte in den armen Ländern fördert, wie Michael Huberman und Christopher Meissner in einer neuen Untersuchung zeigen: Eben weil reiche Länder die billige Konkurrenz aus den Schwellenländern nicht haben wollen und auf höhere Arbeitsstandards dringen, verbessern sich die Bedingungen der Arbeitnehmer dort. Wenn die Industrieländer allerdings Druck gegen die Kinderarbeit machen, verbessern sie zwar auch die Bedingungen der Arbeitnehmer in den Schwellenländern – verschlechtern aber die Lage der Kinder. Das zeigen Doepke und Zilibotti nicht nur an einem logisch schlüssigen Modell, sondern auch mittels praktischer Erfahrungen.

Die beiden Forscher haben nämlich auch einige Wege gefunden, die die Kinderarbeit tatsächlich zurückdrängen – und zwar nicht nur in der Theorie, sondern auch in der Praxis. Sehr wirksam war zum Beispiel ein Programm in Mexiko namens „Progresa". Dabei wird die Kinderarbeit nicht verboten. Stattdessen bekommen die Kinder Geld dafür, dass sie zur Schule kommen. Auf diese Weise können Eltern es sich eher leisten, auf den Verdienst der Kinder zu verzichten.

Auch Aufklärungskampagnen für kleinere Familien können helfen. Doepke und Zilibotti haben nämlich ermittelt, dass in Ländern mit Kinderarbeit die Familien oft besonders groß sind, weil Eltern mit mehr arbeitenden Kindern ein höheres Familieneinkommen erzielen können. Das Problem daran: Je mehr Kinder die Eltern haben, desto härter kämpfen sie dafür, dass sie ihre Kinder weiter arbeiten lassen dürfen. Theoretisch könnten die Industriestaaten auch ihre Entwicklungshilfe an die Bedingung koppeln, dass die Empfängerländer die Kinderarbeit ganz verbieten, auch außerhalb der Exportwirtschaft. Doch das dürfte innerhalb des Landes schwer zu kontrollieren sein, wie Doepke und Zilibotti betonen. Den Grund dafür hat ihre Analyse vorher schon gezeigt: Je geächteter die Kinderarbeit ist, desto mehr Kinder arbeiten schwarz auf den Bauernhöfen – und gerade das kann der Staat in vielen Ländern eben kaum verhindern.

Matthias Doepke, Fabrizio Zilibotti: „Do International Labor Standards Contribute to the Persistence of the Child Labor Problem?", NBER Working Paper 15050, 2009, http://www.nber.org/papers/w15050.

Matthias Doepke, Fabrizio Zilibotti: „Child labour: Is international activism the solution or the problem?", http://www.voxeu.org/index.php?q=node/4075.

Michael Huberman, Christopher Meissner: „Riding the Wave of Trade: Explaining the Rise of Labour Regulation in the Golden Age of Globalisation", NBER Working Paper 15374, 2009, http://www.nber.org/papers/w15374.

Kapitalismus 3.0

Es gibt viele Spielarten, um zu Marktwirtschaft und Wohlstand zu gelangen

Gerald Braunberger

Stufentheorien der wirtschaftlichen Entwicklung waren ein Modethema in der zweiten Hälfte des 19. Jahrhunderts und zu Beginn des 20. Jahrhunderts. Mit der Ausbreitung der Mathematik in ihrer Zunft wurde die Arbeit der Ökonomen bodenständiger, häufig kurzfristiger orientiert und kleinteiliger. Den großen, notwendigerweise auch spekulativen Entwurf wagt kaum noch jemand. Eine Ausnahme bildet Dani Rodrik (Harvard University), der zurzeit vielleicht bekannteste und bedeutendste Entwicklungsökonom: Er hat dieser Tage in einem Vortrag vor der London School of Economics den Kapitalismus 3.0 ausgerufen.

Um das Konzept einzuordnen, ist es notwendig, mit den vorangegangenen Phasen zu beginnen. Unter Kapitalismus 1.0 versteht Rodrik eine Ordnung, wie sie im 18. und 19. Jahrhundert vertreten wurde und die heute noch bei libertären Denkern Anklang findet. Das ist die Marktwirtschaft mit einem Minimalstaat. Von diesem Konzept sollte man nach Rodrik die wichtige Erkenntnis übernehmen, wonach Märkte die „kreativste und dynamischste" Institution zur Entfesselung der ökonomischen Kräfte durch die Menschen darstellen. An dieses Modell schloss sich etwa ab der Mitte des 20. Jahrhunderts der Kapitalismus 2.0 an. Er verband das Konzept der leistungsfähigen Märkte mit der Überzeugung, dass Märkte eine stärkere Kontrolle brauchen als im Minimalstaat. Außerdem litt das Konzept weitgehend freier Märkte im Kapitalismus 1.0 nach Rodrik wegen der für viele Menschen nicht akzeptablen Verteilungswirkungen unter einem Legitimationsproblem. Etwas vereinfacht, bestand der Kapitalismus 2.0 aus einer Kombination von Marktwirtschaft, keynesianischer Makropolitik und Wohlfahrtsstaat.

Eine Eigenart des Kapitalismus 2.0 bestand nach Auffassung des Harvard-Ökonomen in der Neigung der Politik, Sand ins Getriebe der sich globalisierenden Wirtschaft zu streuen, um so viel nationale Autonomie in der Politik wie möglich zu bewahren. Als Beleg nennt Rodrik unter anderem die im Währungssystem von Bretton Woods anfänglich verbreiteten Kapitalverkehrskontrollen.

Mit den achtziger Jahren und vor allem den Deregulierungen der internationalen Finanzmärkte in den neunziger Jahren sieht Rodrik eine Variation des Modells: den Kapitalismus 2.1, der zwei „liberale blinde Flecken" enthalten habe. Er nennt zum einen die Überzeugung, dass man die Globalisierung auch im Rahmen von Nationalstaaten vorantreiben könne, weil sich die nationalen Institutionen den internationalen Markterfordernissen anpassen würden.

Damit verbunden sei die These, dass sich im Wettbewerb schon die besten Institutionen durchsetzen würden. Dies habe den reichen Ländern die Legitimation gegeben, ihre Institutionen Entwicklungsländern aufzuzwingen.

Rodrik hält die Ergebnisse dieses Kapitalismus 2.1 für instabil und nicht sehr gut. So macht er ihn für die Finanzkrise und die Erosion der Legitimation des internationalen Freihandels bei vielen Menschen mitverantwortlich. Als Gründe nennt er die globalen Ungleichgewichte in den Leistungsbilanzen sowie die Tatsache, dass sich die Finanzmarktteilnehmer vor der Krise an deregulierten Märkten den Aufsehern entzogen hätten.

Wie lässt sich der Kapitalismus 2.1 reformieren, ohne auf die Globalisierung zu verzichten? Rodrik spricht sich eindeutig gegen supranationale Institutionen aus, die auf globaler Ebene regulieren. Solche Institutionen hält er für unpraktisch und bürokratisch und wenig wahrscheinlich, weil sie mit einer Entmachtung nationaler Kompetenzen einhergingen. Das könne man nicht erwarten.

Rodrik hält solche globalen Institutionen aber auch nicht für wünschbar, da wir in einer heterogenen Welt mit unterschiedlichen Präferenzen, Normen und Bedürfnissen leben, in der einheitliche Regeln möglicherweise geradezu Schaden anrichten.

Der letzte Punkt führt zu Rodriks Grundidee des Kapitalismus 3.0, der sich an den Kapitalismus 2.1 anschließen sollte. Es ist die Akzeptanz der Vielfalt in der Welt. Der Kapitalismus 3.0 befürwortet kein homogenes Kapitalismusmodell, sondern will eine Möglichkeit bieten, die Vielfalt zu erhalten. So wird nicht postuliert, dass der amerikanische Kapitalismus dem kontinentaleuropäischen grundsätzlich überlegen sei und sich deshalb überall durchsetzen müsse. Solche Positionen lassen sich zugegebenermaßen seit dem Ausbruch der Finanzkrise einfacher vertreten als vorher.

Rodriks Prinzipien, die dem Kapitalismus 3.0 zugrunde liegen, sind einfach: Märkte sind sehr wichtige Institutionen, aber sie müssen in ein System der Aufsicht eingebunden sein. Unser politischer Referenzrahmen ist trotz einer globalisierten Wirtschaftswelt überwiegend der Nationalstaat geblieben – Ausnahmen wie die europäische Integration bestätigen eher die Regel. Für die institutionelle Vielfalt in der Welt gibt es wegen der politischen Fokussierung der Menschen auf Nationalstaaten und ihre jeweiligen Präferenzen gute Gründe.

Bis hierher sind Rodriks Annahmen wenig umstritten. Aber nun kommt eine Kernforderung, die eine Abkehr vom Kapitalismus 2.1 einleitet: Die einzelnen Nationen müssen das Recht besitzen, ihre eigenen Institutionen und sozialen Regeln zu behalten. Kein Land besitzt das Recht, einem anderen Land seine Regeln aufzuzwingen. Um unter dieser Annahme dennoch den globalen Handel aufrechterhalten zu können, bedarf es nach Rodriks Meinung „Verkehrsregeln" zwischen Ländern mit unterschiedlichen Institutionen.

Wie diese Regeln aussehen sollen, beschreibt er nicht im Einzelnen, sondern er appelliert daran, das „Fehlen institutioneller Phantasie" zu überwinden. Alles andere besitzt nach Rodriks Meinung keine Zukunft: Eine Rückkehr in die Welt der Handelsbeschränkungen der dreißiger Jahre lehnt er ebenso ab wie den Versuch, die Globalisierung einfach voranzutreiben, ohne auf die nationalen Präferenzen der Menschen Rücksicht zu nehmen. Andernfalls drohe der Widerstand gegen die Globalisierung zuzunehmen.

Rodriks Vision ist in mancherlei Hinsicht vage, aber er beschreibt Grundzüge einer Ordnung für eine multipolare Welt mit mehreren Kraftzentren, deren Entwicklung durch die aktuelle Finanz- und Wirtschaftskrise möglicherweise vorangetrieben wird. Das Unbehagen der Chinesen und anderer Schwellenländer über eine vom US-Dollar dominierte Weltwährungsordnung ist nur ein Zeichen für die Risse im Gemäuer der amerikanischen Hegemonie.

Vortrag und Diskussion auf Video: http://www.lse.ac.uk/collections/LSEPublicLecturesAndEvents/live/LSELive_previous.htm.

Eigentum macht frei

Warum es für Büromenschen klug sein kann,
nebenher noch etwas Landwirtschaft zu betreiben

Karen Horn

Unter den alten Hüten ist der Investivlohn der älteste. Mindestens seit fünfzig Jahren geistert der Vorschlag durch die politische Debatte. Zwar gibt es Unternehmen, die ihre Mitarbeiter am Kapital beteiligen – und zwar freiwillig. Aber die Politik träumt wie immer von Vorschriften, und so liefern sich die Parteien in großer Regelmäßigkeit einen populistischen Wettlauf um den vordergründig schöneren Ansatz zur Volksbeglückung qua vorgeschriebener Mitarbeiterbeteiligung. Auf jeden Fall handelt es sich dabei um gar nicht so sanften Druck, der die Bürger zur Vermögensbildung zwingen soll.

Aber was daran ist eigentlich so sexy? Warum lässt sich mit dem Gedanken der Mitarbeiterbeteiligung Staat machen? Aus gesellschaftspolitischer Perspektive wird häufig angeführt, dass eine breite Streuung von Eigentum und Vermögen nicht nur einer Machtkonzentration entgegenwirkt, sondern auch die Zustimmung der Bevölkerung zur Marktwirtschaft stärkt. Das mag sein, aber das ist schon verteilungspolitisch gedacht. Dabei lässt sich auf einer vorgelagerten Stufe, ganz grundsätzlich, einiges für die Institution des Eigentums als Abgrenzung von Nutzungsrechten und für die darauf aufbauende Vermögensbildung sagen. Philosophisch gibt es eine Vielzahl von Begründungen für das Eigentum – sowohl in formaler als auch in materieller Hinsicht, das heißt für das Eigentum sowohl als gesellschaftliches Phänomen als auch in seiner Wünschbarkeit für jeden Einzelnen.

Eng verbunden, wenn auch durchaus nicht ohne Widerspruch, sind die naturrechtliche und die religiöse Begründung für das Eigentum. In naturrechtlicher Betrachtung gehört es zum Wesen der Schöpfung, dass diese sich selbst zugeeignet ist: Jeder Mensch gehört sich selbst; er hat insbesondere die alleinige Verfügungsgewalt über seine Arbeitskraft. Eigentum ist eine Quelle der Autonomie, der Freiheit, der Würde und Unabhängigkeit des Menschen. In religiöser Betrachtung gilt dabei die Einschränkung, dass das Leben stets nur ein Lehen Gottes ist, woraus sich eine Rechtfertigungspflicht „nach oben" ableitet. Aus dem Eigentum des Menschen an sich selbst und seiner Arbeitskraft folgt logisch ein Eigentumsanspruch jedes Menschen an den Früchten der eigenen Arbeit.

Dass Eigentum für den Einzelnen erstrebenswert und zugleich eine sinnvolle gesellschaftliche Institution ist, zeigt auch die schlichte Betrachtung der Menschheitsgeschichte: Schließlich hat sich das Eigentum – als Nutzungsausschluss gegenüber Dritten – historisch spontan ergeben. Anlässe gab es verschiedene: nicht nur das hoheitliche Dekret, sondern viel früher schon die erste Inbesitznahme und die selbstverantwortliche Bearbeitung des Bodens.

Die gängigste Rechtfertigung des Eigentums ist indes wohl die utilitaristische: Eigentum ist eine nützliche Institution. Es verleiht Anreize, Werte zu schützen, zu pflegen und auszubauen. Nur wer Anspruch auf die Früchte seiner Mühen hat, arbeitet und investiert. Nur wer über ein einklagbares Eigentum verfügt, übernimmt Verantwortung und haftet gegenüber Dritten. Somit stößt das Eigentum die Tür auf zu unternehmerischem Handeln, von dem nicht nur der Eigentümer, sondern die gesamte Gesellschaft profitiert. Und grundsätzlich gilt: Nur wer über Eigentum verfügt, kann überhaupt auf dem Markt in wirtschaftlichen Austausch mit anderen treten. Nur so ist wirtschaftliche Spezialisierung möglich und die damit verbundene Wohlstandsmehrung der Gesellschaft.

Der amerikanische Nobelpreisträger James Buchanan indes treibt dieses Argument noch weiter und krempelt es damit wieder um, von einer Nützlichkeitsüberlegung in einen Freiheitsgedanken: Nur wer über Eigentum verfügt, kann es sich erlauben, sich dem Austausch auf dem Markt gelegentlich zu entziehen und sich der Spezialisierung ein Stück weit zu versagen. Gerade dieser Gedanke mag es sein, der unterschwellig die Idee einer breiten Vermögensbildung durch Mitarbeiterbeteiligung so populär macht. „In eine Tauschbeziehung einzutreten bringt uns notwendigerweise in eine Abhängigkeit vom Verhalten anderer Leute. Selbst wenn dabei kein unmittelbarer Zwang stattfindet, ist das individuelle Wohlbefinden doch Schwankungen unterworfen, die ihrerseits Ergebnis des Verhaltens anderer

Leute sind", schreibt Buchanan, der wesentliche Mitbegründer der Verfassungsökonomik und der Theorie öffentlicher Wahlhandlungen („Public Choice") in seinem tiefgründigen, von der mittelalterlichen Allmende bis zu Karl Marx und zur päpstlichen Enzyklika „Rerum Novarum" reichenden Aufsatz „Property as a Guarantor of Liberty".

In der Tat: Wer sich auf dem Markt spezialisiert, setzt sich gegenüber der Autarkie nicht nur dem Risiko aus, dass die eigene Spezialität irgendwann nicht mehr gefragt sein könnte und seine Existenzgrundlage wegbricht – sondern auch, dass die anderen Marktteilnehmer eines Tages nicht mehr willens oder in der Lage sind, die übrigen Bedürfnisse zu befriedigen. Das gilt selbst dann, wenn Wettbewerb vor kruder Ausbeutung schützt. Die Gefahr ist real und jedermann aus dem Prozess des Strukturwandels wohlbekannt. Noch simpler formuliert: Welcher Büromensch wäre schon von einem Tag auf den anderen in der Lage, Ackerbau und Viehzucht zum Lebenserhalt zu betreiben? Wen solche Sorgen tatsächlich umtreiben, der tut gut daran, nicht alle seine Ressourcen im Büro aufzubrauchen, sondern etwas Zeit und Kraft aufzusparen, um zumindest ein wenig Landwirtschaft im Nebenerwerb zu betreiben. „Privates Eigentum ermöglicht Spezialisierung und Handel und somit die Aneignung eines bestimmten Anteils an den so entstehenden Effizienzgewinnen. Doch ebenso wichtig ist es, dass privates Eigentum einen gewissen Schutz und eine Abgrenzung gegen die ‚blinden Kräfte' des Marktes erlaubt", hebt Buchanan hervor. Damit wird er allerdings nicht zum

Kapitalismuskritiker, ganz im Gegenteil. Schließlich gebe es im Sozialismus keinen Schutz vor Ausbeutung, wie sie der Wettbewerb biete. In der Planwirtschaft, wo eine zentrale Behörde jedem Individuum eine bestimmte Rolle als Arbeitskraft und als Konsument in hoheitlicher Willkür zuweise, sei jeder einzelne Mensch „in maximaler Weise abhängig von und verletzbar durch Entscheidungen anderer". Das Problem mit der Mitarbeiterbeteiligung, wie sie die große Koalition plant, ist nur dies – die hoheitliche Willkür.

James M. Buchanan: Property as a Guarantor of Liberty. The Shaftesbury Papers, vol. 1, Edward Elgar, 1993, S. 1–64.

Die Autoren

Hanno Beck, geboren 1966, Diplom-Volkswirt, war von 1998 an acht Jahre lang Mitglied der Wirtschaftsredaktion der F.A.Z., bevor er 2006 als Professor für Volkswirtschaftslehre an die Hochschule Pforzheim wechselte. Er hat sowohl populärwissenschaftliche Bücher (Der Alltagsökonom; Der Liebesökonom) als auch Aufsätze in wissenschaftlichen Fachzeitschriften veröffentlicht.

Patrick Bernau, geboren 1981, ist seit 2006 Wirtschaftsredakteur der Frankfurter Allgemeinen Sonntagszeitung (F.A.S.). Zuvor studierte er Volkswirtschaftslehre mit Politik an der Universität zu Köln und lernte das journalistische Handwerk an der Kölner Journalistenschule für Politik und Wirtschaft.

Gerald Braunberger, geboren 1960. Nach einer Banklehre und dem Studium der Volkswirtschaft in Frankfurt am Main ist er seit 1988 bei der F.A.Z. Seit 2007 ist er Verantwortlicher Redakteur für den Finanzmarkt. Er veröffentlichte mehrere Bücher, zuletzt „Keynes für jedermann" (2009).

Benedikt Fehr, geboren 1952, hat VWL und Soziologie in Freiburg studiert. Von 1984 bis Juni 2009 war er Wirtschaftsredakteur der Frankfurter Allgemeinen Zeitung, davon ein Jahrzehnt als Finanzkorrespondent in New York. Seit Juli 2009 leitet er den Zentralbereich Kommunikation der Deutschen Bundesbank in Frankfurt.

Rainer Hank, geboren 1953, leitet die Wirtschaftsredaktion der F.A.S. In Tübingen und Fribourg hat er Literaturwissenschaft, Katholische Theologie und Philosophie studiert und 1984 promoviert. 2009 wurde er mit dem Ludwig-Erhard-Preis für Wirtschaftspublizistik ausgezeichnet.

Karen Horn, geboren 1966 in Genf und aufgewachsen in der Nähe von Frankfurt am Main. Sie hat an den Universitäten Saarbrücken und Bordeaux IV Ökonomie studiert und 1995 in Lausanne promoviert. Bis 2007 war sie Wirtschaftsredakteurin der F.A.Z., unter anderem zuständig für die Seite „Ordnung der Wirtschaft". Seither ist sie als Leiterin des Hauptstadtbüros des Instituts der deutschen Wirtschaft Köln tätig.

Werner Mussler, geboren 1966, ist seit 2004 Wirtschaftskorrespondent der F.A.Z. in Brüssel. Zuvor war er in der F.A.Z.-Wirtschaftsredaktion in Frankfurt am Main und in der wirtschaftspolitischen Redaktion des Handelsblatts in Düsseldorf tätig. Vor seinem Wechsel in den Journalismus arbeitete der promovierte Volkswirt als wissenschaftlicher Mitarbeiter am Lehrstuhl für Wirtschaftspolitik der Universität Freiburg und am Max-Planck-Institut für Ökonomik in Jena. Er ist Policy Fellow des Forschungsinstituts zur Zukunft der Arbeit (IZA) in Bonn.

Lisa Nienhaus, geboren 1979, studierte Volkswirtschaft und Politik in Köln und Stockholm und besuchte parallel dazu die Kölner Journalistenschule für Politik und Wirtschaft.

Sie ist Wirtschaftsredakteurin der F.A.S. Im Jahr 2005 wurde sie mit dem Ludwig-Erhard-Förderpreis für Wirtschaftspublizistik ausgezeichnet.

Philip Plickert, geboren 1979, hat VWL und Wirtschaftsgeschichte studiert, zunächst an der Ludwig-Maximilians-Universität in München und dann an der London School of Economics mit Abschluss Master. Anschließend promovierte er in Tübingen mit einer ideengeschichtlichen Arbeit. Seit April 2007 ist er Redakteur im Wirtschaftsressort der F.A.Z.

Claus Tigges, geboren 1968, studierte Volkswirtschaftslehre an den Universitäten Bonn und Harvard. Von 1996 bis 2009 war er Wirtschaftsredakteur der F.A.Z., zunächst in Frankfurt am Main, von 2001 an als Korrespondent für die Vereinigten Staaten und Kanada in Washington, D.C. Seit Januar 2010 ist er Präsident der Hauptverwaltung der Deutschen Bundesbank in Berlin und Brandenburg.

Patrick Welter, geboren 1965, ist seit Januar 2010 Wirtschaftskorrespondent der F.A.Z. in Washington, D.C. Der Diplom-Volkswirt arbeitete für die F.A.Z. zuvor in Tokio und Frankfurt am Main.

Geschenkideen

www.fazbuch.de

Nadine Oberhuber

Kassensturz

Wie aus weniger wieder mehr wird
Gute Tipps für harte Zeiten

200 Seiten. Flexcover.
17,90 € (D)*, 31,90 CHF
ISBN 978-3-89981-204-6

Gerald Braunberger

Keynes für jedermann

Die Renaissance des
Krisenökonomen

264 Seiten. Flexcover.
17,90 € (D)*, 31,90 CHF
ISBN 978-3-89981-203-9

Rainer Hank Hg.

Erklär' mir die Welt

Was Sie schon immer über
Wirtschaft wissen wollten

336 Seiten.
Hardcover mit Schutzumschlag.
24,90 € (D)*, 44,00 CHF
ISBN 978-3-89981-156-8

Michael Best

Kapitalismus reloaded

Wohin wir nach dem Debakel
steuern müssen

240 Seiten.
Hardcover mit Schutzumschlag.
24,90 € (D)*, 42,80 CHF
ISBN 978-3-89981-202-2

* zzgl. ca. 3,– € Versandkosten bei Einzelversand im Inland.
Sämtliche Titel auch im Buchhandel erhältlich!

Frankfurter Allgemeine Buch

Geschenkideen

www.fazbuch.de

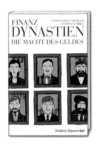

Gerald Braunberger,
Judith Lembke Hg.

Finanzdynastien

Die Macht des Geldes

232 Seiten. Flexcover.
17,90 € (D)*, 31,70 CHF
ISBN 978-3-89981-188-9

Winand von Petersdorff

Das Geld reicht nie

Warum T-Shirts billig, Handys umsonst
und Popstars reich sind
Ein Wirtschaftsbuch für Jugendliche.

176 Seiten. Hardcover.
19,90 € (D)*, 35,10 CHF
ISBN 978-3-89981-150-6

Simone und Steffen Uttich

Es ist nur Geld

10 Fehler, mit denen Sie sicher Ihr
Vermögen versenken

240 Seiten. Flexcover.
17,90 € (D)*, 31,90 CHF
ISBN 978-3-89981-206-0

Judith Lembke

Neulich in meinem Café

Ökonomische Gespräche beim
Cappuccino

224 Seiten.
Hardcover mit Schutzumschlag.
17,90 € (D)*, 31,90 CHF
ISBN 978-3-89981-205-3

* zzgl. ca. 3,– € Versandkosten bei Einzelversand im Inland.
Sämtliche Titel auch im Buchhandel erhältlich!

Frankfurter Allgemeine Buch